震災復興が問いかける
子どもたちのしあわせ
──── 地域の再生と学校ソーシャルワーク ────

鈴木庸裕
[編著]

ミネルヴァ書房

はじめにかえて──震災の風化を乗り越えて

　みんなから忘れ去られていくような気がする。

　これはある仮設住宅のベンチに腰をかけていた中学生がつぶやいた言葉である。津波で自宅と家族を失い，その矢先，原発の爆発による避難命令がくだされ，いまは避難先で暮らしている。震災による社会や生活の激変が，1年，そしてまた1年と時を追うごとに生きづらさとなって人びとにのしかかる。生きづらさと生活の回復との間を振り子が揺れ続け，さらに震災の風化が堰を切ったようにあらわれだしている。震災の四重苦（地震，津波，放射能禍，風評被害）に加え，もう1つ，5つ目に「風化」がある。特に福島では原発事故の「収束宣言」や警戒区域の「解除」が一気にその風潮を巻き起こした。

　被災地や避難者への社会的関心の衰微は，それまで子どもたちに寄り添ってきた教育や福祉の関係者をも巻き込んでいる。そのことは否めないにせよ，私たちにとって大切なことがある。それは，震災直後より今日までの取り組みの中で見えてきた問題や気づいたこと，つまり，震災復興の道筋の中で可視化できた日本社会の諸問題やこれまで踏み出せなかった問題を般化し忘れないことである。そして今後の教育と福祉のつながりに刻み込んでいくことである。

　東日本大震災は，人びとや地域に喪失と分断を生み出し，子どもたちのしあわせを追求する上で多大な困難さを突きつけた。しかし同時に，震災は子どもを取り巻く人びとに対して新たなつな

がりや互いにかたわらで寄り添いあう経験を数多く生み出している。ここに着目したい。

本書の目的

本書『震災復興が問いかける子どもたちのしあわせ』は，2012（平成24）年5月に刊行した『「ふくしま」の子どもたちとともに歩むスクールソーシャルワーカー――学校・家庭・地域をつなぐ』（鈴木庸裕編著・ミネルヴァ書房）に引き続くものである。

この前著では被災地内外のスクールソーシャルワーカーや教師，保育士，心理士，市民，学生という総勢36名が執筆者となり，3.11から2011（平成23）年の年末に至るおよそ9か月間の実践や思いを執筆した。当時，無我夢中で奔走したスクールソーシャルワーカーや子どもに寄り添った人びととの取り組みを著した。子どもたちのしあわせのためにできることは何でもやろうとした，みずからの足跡を残す作業であった。

今，震災から2年が経ち，学校教育とソーシャルワークとのつながりや地域における避難者支援のネットワーク実践がすすみ，地域における子どもや家族への支援や地域再生の主体者形成をめぐる実践が生まれている。本書ではこうした実践を取り上げ，震災後の教育復興をめぐる課題について論じていこうと考えた。

本書の構成

第1章「東日本大震災と子ども・学校，そして教室」では，震災後の学校や教室で子どもたちと向き合う教師が改めて見つめ直した子どものちからや学校の役割，学校の中で家庭の生活福祉や

貧困問題と直接かかわりを持つ学校事務職の気づき，スクールソーシャルワーカーとスクールカウンセラー・臨床心理士との協働やチーム支援の問い直し，そして教師が福祉職と出会う今日的な意義について提案する。

第2章「地域の再生と家庭支援をつなぐ」では，震災後の地域再生と家庭支援をつなぐという視点から，個別ケースから地域の支援者の連携を広げるスクールソーシャルワーカーの実践，地域包括支援センターの社会福祉士の立場から子どもの「最善の利益」をめざす地域づくり，そして地域で支える家庭支援の発展について論じ，災害復興から見えてきた地域福祉や家族支援の検討課題を提案する。

第3章「地域を越えて子どものしあわせを守るには」では，福島と県外をつなぐ東日本大震災子ども支援センターの現状と課題，母子避難者などをめぐる「避難する権利」から子どものしあわせを考える法律家からの視点，地域を越えて復興災害に置かれる社会的弱者への人権擁護について新たな課題を提案する。

第4章「震災復興への子どもの参加」では，震災復興に向けて子どもの主体形成について，地域行政の再生計画の中で復興の主人公として子どもたちの声が位置づいていくこと，そして教育と福祉のつながりが子どものしあわせを支えていくことを提案する。

しかし，編者を含め執筆者のだれもが，子どもたちの将来について自信と確信を持って書き終えたわけではない。なぜなら，子どものしあわせは子ども自身のものであり，大人がひとりよがりに取り扱えるものではないからである。

「3.11」から出発するもの。「3.11」前に戻ってはいけないもの。

これらを明らかにしていくには，まだまだ扉を開けずにいる子どもたちの声がある。その扉のありかとそれを開くアプローチを教育と福祉のつながりの中で今後とも問いつづけたい。

　2013年4月

　　　　　　　　　　　　　　　執筆者を代表して　鈴木庸裕

震災復興が問いかける
子どもたちのしあわせ

――地域の再生と学校ソーシャルワーク――

目　次

はじめにかえて——震災の風化を乗り越えて

第1章　東日本大震災と子ども・学校，そして教室……1

1　ゆっくり寄り添いたい——教室から見た子どもたち……1

（1）避難先の学校が教えてくれたもの
　　　——学校は楽しいところと伝えたい　1

（2）子どもの気持ちにより添って　2

（3）かかわり合い，認められ，だれもが主人公に　4

（4）理不尽な兼務辞令と人事異動が与えた子どもたちへの影響　6

（5）学校の再編と再開　7

（6）子どものありのままの姿が出せる学校　8

（7）だれもがのびのびと楽しい学校　9

2　子どもの就学をどう保障するか
　　——「子どもの貧困」を問い直す……12

（1）就学援助制度の周知のために　12

（2）大震災・原発事故と就学保障　14

「3.11」後の学校での取り組みから　14／緊急時には緊急時の対応を　16／給食費や校外学習・修学旅行費の確保　17／被災就学支援要綱と予算の確保　19／就学援助費の地域格差　20

（3）問われてきた「教育費思想」　20

被災児童の受け入れをとおして　20／学校が「揃える」ことを求めることは必要性か　21／「教育費思想」の共有と共同　22

（4）積み残してきた課題が鮮明にされた「3.11」　23

公費＝学校配当予算の現状　23／保護者負担とされてしまう壁　24

（5）学校事務の福祉的機能への着目　25

　　　　　　　　　　　　　　　　　　　　　　　　　目　次

3　多職種との「だぶり」をつくるチーム支援をめぐる課題……26

（1）がんばれ，がんばれの時期が過ぎて　26

（2）いわて子どものこころのサポートの取り組み　27

　いわて子どものこころのサポートプログラムが生まれた背景　28／こころのサポートプログラム3本柱：「教員研修」「人的支援」「健康観察と心のサポート授業」　29／今後の課題　30

（3）多職種が集う『場』をとおしての学び　31

　「SSWr連絡協議会ならびに研修会」への参加をとおして　31／「東日本大震災津波子どもの心のケア推進プロジェクトチーム」への参加をとおして　32

（4）多職種連携におけるだぶりとチーム支援　33

　連携やチーム支援ができる専門家として必要な要素　33／連携やチーム支援に必要な要素　35／今後の課題　36

（5）希　望　36

4　教育実践の問い直しから考える
　　――学校・教師が求める福祉との結合……38

（1）教師の教育実践と学校ソーシャルワークとの協働のために　38

（2）困難を抱えた子どもたちのいる教室で　39

（3）「遊びたい」気持ちを暴力ではなくことばで伝える　40

（4）友だちのさまざまな生活を知り，つながる　42

（5）DV家庭の母と子どもをどう支えるか　45

（6）震災，津波，原発事故を語り合う教室　48

（7）「福島」を考え続けることは，教育を問い直し続けること　52

第2章　地域の再生と家庭支援をつなぐ……57

1　虐待ケースから始まる地域支援の「輪」……57

（1）実感できる「連携」を目指して　57

「家庭不可侵」とSSWrへの役割期待　57／ひとつのネグレクトケースをめぐって　59／「無力感」を具体的な行動連携へと変換するために　61

（2）地域に根差したネットワークを形成するために　63

地域の人びとがつながるには　63／連携から連環へ　66／地域の再生に不可欠な視点　69

2　地域包括ケアから考える子どもの「最善の利益」を保障する地域づくり……71

（1）震災からの気づき　71

（2）自分らしく暮らし続けるための支援とは　73

私たちの地域での「自立支援」　73／「自立支援」のための支援者の責務　75

（3）だれもが自分らしく暮らすことを保障する地域包括ケアの仕組み　77

地域包括ケア会議からの学び　78／地域包括ケアシステム　79

（4）子どもの「最善の利益」を保障できる地域づくり　80

3　地域で支える子どもにとってしあわせな家庭……82

（1）子どもにとっての家庭　82

家庭の機能　82／家庭による養育機能の低下　83

（2）家庭支援のむずかしさと地域の力　84

家庭不可侵　85／複合的問題　87／個と家庭のウェルビーイング　90

（3）家庭を支える地域づくり　92

新たな地域づくり　92／意識の変容　96

（4）子どもにとってしあわせな家庭　97

目　次

第3章　地域を越えて子どものしあわせを守るには …99

1　福島と県外をつなぐ支援……99

（1）原発事故と県外避難をめぐる概況について　99

（2）子どもの避難について　107

（3）避難先での支援について　109

　　山形で行われている支援　109／新潟県で行われている支援　111

（4）長期化する避難生活の課題　113

（5）福島と県外をつなぐ支援　115

（6）避難・帰還をめぐって　119

（7）つなぎつづける　121

2　避難する権利と子どものしあわせ……122

（1）身近になってしまった放射線　122

（2）被ばくを低減するための努力　123

（3）命の選択の日々　124

（4）今，区域外からの避難者たちは　125

（5）SAFLANの活動　127

（6）子ども被災者支援法の成立　127

（7）「自己決定権」という問題　129

（8）避難する不自由か，とどまる生活での不自由か　131

（9）「正しく怖がる」？　132

（10）私たちが子どもたちにできること　133

3　広域避難の子どもとともに
　　　──新たな"つながり"のきっかけを求めて……135

（1）元気に見えていた子どもたちの変化　135

（2）生活環境と学校環境の劇的な変化　137

（3）関西で，広域避難の子どもに出会うということ　138

　　原発事故にともなう放射能汚染の影響　138／保護者の
　　思い　139／保護者の不安が子どもに与える影響　140
　　／子どもの思い　145

（4）保護者の不安と子どもの行動――そして周囲の環境と　147

（5）孤立を防ぐために何ができるか――可能性に焦点をあてて　148

　　子どもと保護者と学校と直接つながる――NPOの活
　　動　148／学校や福祉関係者とともに考える――広域避
　　難の子どもの転出入について　150／福祉課題としての
　　捉え直し――要保護児童対策地域協議会の可能性　152
　　／地域住民の力　153

（6）暮らしをつなぐ共通項を求めて　154

第4章　震災復興への子どもの参加 …… 157

1　子どもたちの声を「震災復興」の手がかりに
　　――「人間復興」をめぐる地域再生計画の視点から……157

（1）私たちのことを私たち抜きには決めないで　157

（2）東日本大震災で被災した子どもたち　158

（3）子どもアンケートが復興のビジョンをかえた
　　――福島県浪江町の復興ビジョンそして復興計画策定の
　　過程から　161

（4）将来のまちづくりや地域づくりに子どもたちの参画と
　　主体的権利者として尊重　166

（5）いまこそ地域再生の主体に　172

2　子どもを支える教育と福祉のつながり……173

（1）「復興災害」の中で　173

　　だれもが語り出せる社会づくり　173／子どものしあわ
　　せをいかに問うのか　174／知ることへの勇気　175

（2）子どもたちの問いを手がかりに　177

権利主体として育ててほしい　177／ぼくたち／わたしたちが地域を育てる　178／真実を知り，いやなことはいやだと言える　180

（3）復興に向けた学校ソーシャルワークの視点　182

　　　学校福祉と生活福祉のつながり　182／生活習慣に風化させない　184

（4）福祉との出会いは子どもとの出会い直し　185

　　　学校と福祉の出会い——派遣教員の活動　185／教師とソーシャルワーカーとのすみ分け？　186

（5）地域とつながりのある専門職　188

　　　チームとしてのSSWr像　188／SSWrと仕事のできる学校づくり　189

あとがき　193
索　引　195

第1章
東日本大震災と子ども・学校, そして教室

1 ゆっくり寄り添いたい
  ──教室から見た子どもたち

(1) 避難先の学校が教えてくれたもの──学校は楽しいところと伝えたい

　気持ちの切り替えがうまくいかずに時々登校を渋ることがあったしん君(以下,個人名はすべて仮名)は原発事故のために県外に避難したが,ほとんど学校に行くことができなかった。震災の年,10月に入り家族と自宅に戻ってきたので本校の避難先の学校に来ることになったが教室に入ることができなかった。一週間ほど経過した頃,図書室で支援学級のこう君が見ていた昆虫の絵本をしん君もちらっとのぞいたりしているので支援学級で本を読もうと誘ってみた。母親と一緒に少しずつ少しずつ階段を上ってかくれんぼするようにやってきた新しい友人を学級の友だちは何事もないようにすんなりと受け入れ,この日から支援学級はしん君の居場所になった。「子どもはだれでも今自分が一番落ち着ける場所で過ごしたり,必要としている支援を受けたりできるという考えで学校中で協力していきます」と母親に話した。母親の車で登校

するものの，車から降りること，昇降口まで来ること，校内に入ること，その一つひとつの行動を促すのが至難の業(わざ)だった。学級の教員は一人がかかりきりになった。あと少し黙って待っていたら自分から昇降口に向かって歩き始めただろうに，それが待てずに声をかけたり，手を取ろうとしたりしたために彼の気持ちを逆戻りさせてしまうような失敗も何度もあった。

しかし，小さな校舎で子どもたちの登校や生活の様子がよく見えるこの学校では，複数の校長や教頭，用務員などたくさんの教職員がしん君にかかわってくれた。かなちょろ，金魚，ミミズ，好きな絵本や工作など彼の好きなものを見つけては気長に寄り添い，自分から行動を起こすのを見守った。やり方はさまざまであっても彼が母親や私たちを困らせようと思っているのではなく何か大きな不安があって「教室に行きたくてもいけないつらさ」と葛藤しているんだということだけは共有し，しん君にとって楽しい学校にしたいと教職員みんなが努力していた。

（2）子どもの気持ちにより添って

初めて出会ったしん君は体も表情もかたかった。しん君の好きなことにとことんつきあおう。しん君にとって楽しい学校づくりを。それが私たちの課題だった。粘土や工作，縫い物，キャッチボールに取り組んでみた。キャッチボールでは楽しくて思わず友だちの名前を言いそうになったりもした。縫い物はいつでもやりたい気持ちになってきた。学級の友だちは寛大だ。登校が遅くなっても，泣いても時に暴れても知らん顔してやり過ごし，元気になれば何気なく話しかけたり笑い合ったりしている。この子ども

たちに私たちは助けられていると強く思った。支援学級の子どもたちこそがしん君にとっての安心できる一番の存在になった。迎える子ども集団があって本当によかった。

　私たちは毎日の悪戦苦闘の中で，彼にとって大事なことは母親と離れられることではなく，自分のやりたいことを選択したり，自分の気持ちを伝えたりできるようになることではないかと気づかされた。大好きな縫い物をするとき糸の色を自分ですいすい選べるようになったしん君。「お菓子屋さん見学は一緒に行ってほしいな」「プールには行かなくてもいいよ」と風呂の中で母親に気持ちを伝え，そのとおりプール学習のバスにさっさと乗り込むことができた。しん君が手放すことができなかった車のキーはいつしか母親の襟巻きになったり手袋になったり，しまいには食べ物の勉強で使った手づくりのばい菌の帽子になったりしていった。学級の中では大きな声で話し，新聞紙を堅く丸めた刀を持参して友だちや教師にチャンバラを挑んできたりするようになった。

　しかし，子どもの行動は一筋縄ではいかないもの。昨日は母親に自分から「ばいばい」と言って送り出したのに，今日は昼近くになってようやく登校したがどこかにかくれてしまうなど一進一退だ。でも表面に現れた行動に隠されている子どもの内面は，困ったり，悩んだり，がっかりしたり，「よし！　今度は」と思いながらもなかなか行動にできないつらさで相当揺れているのだろう。だから「大丈夫だよ」としん君に心の中でつぶやき，学級の子どもたちがいつもそうするように知らん顔して何げなく教室に迎えた。

　みんなと同じことができるようにではなく，一人ひとりが抱え

ているさまざまな状況を受け止め，子どもに必要な方法で柔軟に支援していくことが大切なこと，そしてそれが当たり前だということをしん君と避難先の学校での生活が教えてくれた。

（3）かかわり合い，認められ，だれもが主人公に

　私の勤務校では震災当日子どもたちはさいわいにも全員無事に家族のもとへ帰ることができた。しかし原発事故によりこの地域は屋内待避区域となり外に出られず，また何か月にもわたって流通も途絶えたことから生活することが困難になった。子どもたちはみんな避難生活を余儀なくされた。学校は閉鎖し，当然卒業式も修了式もできないまま3月11日以来「長い休み」に入ってしまった。

　警戒区域（居住困難地区）や屋内退避区域の小中学校は30キロ圏外にある学校に間借りをしたり，体育館を区切ったりなどして4月22日に新学期を開始した。通学バスで屋内退避の自宅や圏外の避難先から通学することになった。

　私の学校は圏外の小学校に間借りをし，6校が共同で学習することになった。震災前は100名に満たない小規模な小学校が突然4倍以上の子どもたちの学習の場になった。異なる学校がひとつの学級，学年をつくることは運営上いろいろな困難をともなったが，子どもたちにとっても教職員にとってもかかわりの広がりや結びつきのありがたさを強く体験させてくれた。この学校に集合した養護教諭6人も協力して子どもたちの健康に心を配った。特別教室，オープンスペース，ランチルームもすべて学級の教室になり，廊下との境をボードで区切ったが学習の様子はほぼオープ

ンの状態であった。学習への集中がむずかしい環境にありながらも他校の友だちとの学習に良い緊張感があり積極的に学習したり発表したりする場面が見られるようになっていた。また震災や避難生活の中で悲しかったり怖かったり不安だったりした体験を少しずつでも話すことで友だちへの接し方がやさしくなったりなどの変化が生まれていた。これまでわがままで自分勝手と決めつけられていた発達障害を持つ子どもが，席を立ったり教室を少し離れたりすることをうるさく言われなくなったことや，新しいクラスメートにこだわりなく接してもらうことで気持ちが落ち着き穏やかに過ごせる場面が増えてきた例もあった。

　また，複数の担任で学習を進めることで子どものわかる過程を大事にしながら個別に対応することができやすくなっていた。できないとあきらめがちになっていた子どもにも順序を追った課題が出せるようになり，わかるうれしさを実感できる場面をつくることができた。教職員は子どもたちのいろいろな言動を決めつけずに受け止め原因を探りゆっくり寄り添っていこう，楽しい学校にしていこう，子どもを守ろうとみんなが思っていた。

　私の学校では毎日の通学を子どもたちの縦割り班で行うようになった。6年生が中心になって班をまとめ，低学年の世話をしてバスに乗せていた。遠足で県外の公園に行った時もこの班を活用し遊ぶコースを決めたり，「全員とおやつを交換する」などの目標をつくったりして取り組んだ。子どもたちの人数が減り6年生は全員が班長か副班長にならなくてはならない人数だ。これまでは友だちの陰に隠れほとんど前面に出ることのなかった子どもたち（時々の笑顔と相づちだけで事を済ませてきたような子も含めて）

否応なく役割を与えられた。話し合いの進め方はたどたどしく時々教師の手助けが必要だったが、当日は班の先頭と最後尾を守り小さい人たちを誘導していた。そしてお弁当の時間になっても遊びたがる1年生を迎えに行ってやさしく連れてくることもできていた。

集会活動でもこの班は大いに活用されたが頼りの6年生はいろいろな個性を発揮しながらも役割を果たしていた。「自分以外に班長はいないでしょ」と当然の顔をしていたのが印象的だ。だれもが頼りにされて役割を与えられ、尊重されながら適切な支援を受ければ誇りを持って育っていけることを学ばされた。

（4）理不尽な兼務辞令と人事異動が与えた子どもたちへの影響

子どもや私たちの気持ちを無視して震災の年の5月下旬、避難地域の学校や教職員へのきめ細かい配慮のないまま兼務辞令が強行された。子どもの数が減ったのと、避難している子どものいる学校への支援というのが名目だった。複数の学校が共同して学習しているところでは管理職にも兼務辞令が出て現場からはがされた。さまざまに異なる困難を抱えている子どもたちには毎日手厚くかかわれる教職員こそが必要だったのに、震災直後を一緒に暮らした身近な教師を奪っていった。震災と原発事故での避難生活の中で不安が増し、急に気分が悪くなったり、涙が止まらなくなったり、食事がのどを通らなくなったりしている子どもがいた。間借りの職員室にある保健室コーナーでゆっくり休み、養護教諭や担任にそばにいてもらうことで気持ちが落ち着きまた教室に戻っていくこともあった。また、県外避難から戻ってきたものの、

親の仕事の都合で家族が離れて暮らさなければならない不安な心に加え，なかよしの友人が津波の犠牲になったことを知り，教室で落ち着いて学習することが困難になっている子どももいた。毎日昇降口でたっぷり時間をかけて保護者から預かり，本人の気持ちの動きに寄り添いながら見守ったり一緒に行動したりする必要があった。彼は毎日学校中を歩き回り，時々職員室の一角の机で個別に対応してもらって学習に取り組んでいた。学級は複数の担任が配置されて当たり前の状況であった。それにもかかわらず兼務は強行された。「行ってきます」，「また帰ってきます」と挨拶が続く悲しくてくやしくてやりきれないお別れの式だった。

　さらに凍結を願っていた定期人事異動が８月の夏期休暇中に強行され，またもや子どもと教職員の別れがあった。辞令が出ていないことから１学期の終業式には異動や退職を告げることができず，離任式もなく子どもたちに何の挨拶もできずに別れることになった。学校によっては４月から３人も担任が替わったところもあった。私たちの共同の支援学級でも一人が転勤したため事情がのみこめない子どもたちは２学期初日からびっくり，「由美先生はどこへ行ったの？」，「さよならなの？」と何度も同じことを尋ねてきた。後の校外学習で由美先生が転勤した別の学校を訪ねることができ子どもも大人も少しほっとしたような気持ちになった。

（5）学校の再編と再開

　９月に避難先の学校にユニット校舎ができたり，別の場所に仮設校舎ができたり，10月半ばに屋内待避区域が緊急時避難準備区域になったため本校に戻る学校があったりで，そのたび学校の引

っ越しや指導体制の再編が行われた。別れの時，大泣きしている子どもたちがたくさんいた。いつ何がどうなるかの見とおしがなかなか持てない生活の中で子どもたちの不安が増し本校に戻る予定と聞かされながらも「ぼくはここが好きです」「まだ，決まったわけじゃないですよね」と前日まで言っていた子どももいた。大人のいろいろな思惑で子どもたちの心を振り回してしまった。

　私たちの学校は3学期から本校に戻った。再開した学校は広い校舎に子どもたちが以前の半分以下なのだから何だかがらんとしていた。各教室にきちんと収まってしまうと子どもの存在や動きが見えにくくなったように感じた。学校中の教職員がみんなで子どもたちの表情をよく見，声をかけ，見守ってきた避難先での8か月間の寄り添いを継続していきたいと強く思った。

（6）子どものありのままの姿が出せる学校

　本校に戻り前述のしん君も元気に登校している。当該学年の教室に一歩も入れなかったのに今では時間割を見て理科や社会の学習に出かけていく。しゃべらないけれど話をよく聞いていることはペーパーテストに現れている。運動会や学習発表会などの行事にもポーカーフェイスで参加できた。支援学級で彼はたくさんしゃべり，担任の後ろから来てくすぐっては仕返しを期待したり，担任が教室に入ろうとすると教室の戸を押さえて笑っていたりする。友だちとも大きな声で話し追いかけっこをして走り回っている。そして時々お気に入りのぬいぐるみをだっこしていたり，振り回したり，時にはたたきつけたりしている。ようやく声が出るようになってきた朝の会や帰りの会の進行では反対のことばかり

言ってみんなを困らせている。学級に参観者が来たりするとどこかに隠れて出てこなかったりすることもある。でも笑顔がいいしん君になってきた。

　良子さんは学級の一番のお姉さん。しん君にはとても寛大でそして良い見本だ。当該学年の学習では跳び箱で失敗しても，逆立ちができなくてもみんなと同じように何回もチャレンジしようとしている。体力がついてきてマラソン大会では何と３位になり自信をつけた。ところが，学級での良子さんは「だるまさんが転んだ」の遊びで鬼に名前を呼ばれたとたんにふてくされてすみっこで泣いている。いす取りゲームやトランプで負けても同様。がんばれる時もそうでない時もありながら，「怒ってはだめだ，直さなくては」と思っていて，みんなには「負けてもいいんだよ」と声をかけてくれる。

　がんばっている姿も，困っている姿も，いじけている姿も，ちょっと怒っている姿も，泣きたい気持ちもうれしい気持ちも全部丸ごと受け止め応えてやりたいと思う。自分をありのままに出せる場があるからこそ本当の力がついていくのだと考えている。

　子どもががんばりすぎている今，そして原発の被害でさまざまな場面で我慢を強いられている今だからこそ，がんばりすぎないで自分をありのままに出してほしいと思う。子どもを丸ごと受け止められる教員になりたいと思う。

（７）だれもがのびのびと楽しい学校

　震災後１年間避難して戻ってきた愛くんはお母さんと入った校長室のソファーがすっかり気にいった。教室をとび出しいつのま

にか校長室に出かけてはソファーの上でぴょんぴょんを楽しんでいた。ソファーに会いに行っていた愛くんが校長先生との楽しい遊びの中で，校長先生を認識し始め，廊下で会っても「一緒に遊ぼうよ」という顔をして走り寄るようになっていった。

　給食を食べ終わると「こうちょうせんせい，いってきます」といそいそと出かけていく。ソファーでのぴょんぴょんが好きなので校長先生と手をつないではねる遊び，戸棚にぬいぐるみのかくしっこ，きわめつけは二人で大きな声で「まっかなあき」を歌ったりしている。愛君のうれしそうな笑い声が響き，それを聞いているみんながしあわせな気持ちになってしまった。何のためらいもなく校長室で楽しい時間を過ごしている愛くんを通りがかりの子どもたちのみんなが不思議そうにあるいはこんなこともいいんだという様子で見ている。学級の友だちに「愛君を迎えに行って」と頼むと１年生のたかし君はよろこんで出かけ，自分も校長室でいっぱい遊びたい様子。ここに入れるのは愛くんだけの特権ではないはず。

　最近の愛くんは大人に両手両足を持たれて揺すられる「かっちんこ」が大好きでだれでも二人いるとそれぞれの手をつないで連れてきて「○○先生，○○先生かっちんこお願いします」と言って寝転がり早くやってとアピールしている。揺すられた後「『ありがとうございます』が言えたね」とまたほめてもらっている。その愛くんはしばらく窓の外を見たり絵本を見たりしてからでないと，いくら声をかけても運動着から通学着に着替えることができないでいる。こちらが急がせて片方の腕を脱がせてやるとまた腕を入れてしまって抵抗している。誇り高き愛くんの姿なのか。

掃除の時も今まではゴールの壁を目指してぞうきんがけができていたのに，気がつくと寝転がって担任が来るのを待っている。横でぞうきんがけをすると笑って逆方向に進んだりしている。「ほんとに言うことを聞きません」と言いながらもそこに現れた姿の中に秘められた内面の成長を私たちは感じ，彼の成長にあった取り組みはどうしたらよいものだろうかとあの手この手を考えさせられている。人とのかかわりをとても楽しめるようになってきた愛くんの成長を学校のみんなが楽しみながらのんびりとかかわっている。

　だれもがもっとのびのびと楽しく過ごせる学校でよいのではないだろうか。一人ひとりが抱えているさまざまな状況を受け止め，寄り添い，一人ひとりに合った方法で支援していくことが当たり前にできる学校にしていきたいと思う。震災後の避難先の学校で，子どもたちの笑顔がたくさんになるようにいろいろ考え，工夫し自由に取り組んできたはずなのに，今また子どもたちを型にはめ，同じことがきちんとできるようにさせたいという思いがわいてきてしまっている。「学力向上が復興の要」などと競争を強いて比べるようなことが決して子どもたちの笑顔や生きる力につながらないことはわかっているはずなのに。

　今，学校現場ではまた人手不足と忙しさが恒常化している。震災後1年が経過した4月から私たちの学校は担任以外に子どもたちに自由にかかわれる教員は教務をのぞいて講師一人のみの配置になった。そして，毎日のようにだれかが出張をしていたり，提出物が山のようにあったりする。教師のだれかが病気になっても代替教員がいない状況もある。この地域で生きて生活することを

決めた家族のさまざまな思いを受け止め，子どもを守り育てるための支援を学校がしっかり行いたいと思う時，十分な人数の教職員とそれを支える多様な人材や，必要だと考えることをどんどんできる自由が学校にはなくてはならない。支援学級の子どもたちは素直な表現でいつでも自分をアピールしている。その姿のありのままや隠されている内面の心や意味を受け止め自由にじっくりと実践に取り組みたい。そのことを学校中の子どもたちや教職員たちにつなげたい。「この子にとって大切なこと」を私は特別支援の教室から全校に伝えていきたいと思う。

2　子どもの就学をどう保障するか
―― 「子どもの貧困」を問い直す

(1) 就学援助制度の周知のために

　私は，全国学校事務職員制度研究会（制度研）という研究サークルに参加し，教育における学校事務のあり方や，学校事務職員の役割を学んできた。福島での会では，教育費の保護者負担軽減に向けた取り組みを交流し，就学援助制度の現状や課題についても継続して学習してきた。そこで，県内市町村の実態を調べてみると，制度周知や認定手続き，認定要件（収入・所得）が違っていて，またそれは，他県と比べると保護者にとってハードルが高くなっていた。

　2008（平成20）年4月，就学援助費に対する国庫補助が外され地方交付税化された際，法律で認定するための民生委員の意見条項が削除された。しかし，いまだに県内の多くの市町村では民生

委員の意見を必要とする仕組みのままになっている。

　私たちは，以前から学校や地域でそれぞれ「できることから始めよう」と，保護者への制度周知に努力し，教育委員会には認定手続きの改善も働きかけてきた。これを始めた頃，教育委員会からは「市の広報やホームページで制度案内をしている」，「それ以上のことは必要ないのではないか」という説明がされたこともある。しかし，それだけでは支援を必要とする保護者に周知したことになっておらず，教育委員会が開いた事務担当者会議の席で他市の「制度の案内文書」例も示し，全保護者に案内文書配付を求めたりしてきた。また，教職員組合は教育委員会への要求として盛り込み，改善を働きかけてきた。

　これらとともに，各学校でできることも追求してきた。新入学児童（生徒）の保護者説明会や新年度4月に多くの学校で開催される保護者会等では，就学援助制度に関する資料を作成し，その配付や説明の機会を設けてきた。もちろんこれを進めるには校長や他の教職員とその必要性を共有し，共通理解を得ることも大事にし，努力してきた。こうしたことは，もちろん私の学校だけでなく他の学校での取り組みとしても広めてきた。これらが反映し，今日では教育委員会から「保護者向け就学援助制度案内」が示され，すべての保護者に周知する市町村も増えてきている。

　2010（平成22）年3月，福島県議会で教育長は議員の質問に対し，次のように答弁している（以下，答弁より引用）。

　「就学援助制度につきましては，学校教育法に基づき，市町村が経済的理由によって就学困難と認められる児童生徒の保護

者への支援を行うものであり，その実施に当たっては，市町村教育委員会を通じて，児童生徒の保護者や各学校の教職員に対する周知が図られているところであります。県教育委員会といたしましても，今後とも，保護者に対し，制度の趣旨や申請方法等を周知するよう市町村教育委員会に促すとともに，研修等の機会を通じて，教職員に制度の理解を深めさせるなどして，就学援助制度の周知に努めてまいる考えであります」。

このことは，これまでの取り組みと運動を反映したものと考えられる。必要とする家庭・保護者が制度を受けることにつながるよう，こうした答弁も生かし学校での役割を果たすことが，私たち学校事務職員に求められる。

（2）大震災・原発事故と就学保障
1）「3.11」後の学校での取り組みから

区域外就学の受け入れのため，子どもたちやその保護者と対応する際，学校事務職員として予算の仕事とかかわって突きつけられた問題は，避難を余儀なくされた保護者に「どうお金の心配をさせないことができるか」ということであった。

避難してきた子どもたちは，南相馬から楢葉町にいたる市町村からの転入であった。起こるはずがないとされていた原発事故により，着の身着のままの避難。また，津波ですべてをなくしていた。それを知りながら「必要になるから」と，学習用品などを揃える経済的負担を保護者にお願いすることは，とても言い出すことができなかった。

3月末から4月初めの時期であり，すでに新年度の市予算は議会で決まっていた。学校配当の通知はまだなかったが，当然，震災・原発事故など想定されているはずはなく，例年の支出を抑え，それを受入児童のための準備費用に充てる検討を試みた。しかし，緊急策として対応できることはあっても，どうしても不足する予算は明らかであった。この検討を試みていた時期に「教材や学用品等の支援物資が届くかもしれない」という情報も伝わってきた。しかし，その情報が市の災害対策本部から教育委員会に整理されたものとして届く体制や，あるいは連携が整っていない状況が続いた。

そこで，学校は保護者や地域に呼びかけ，リサイクル，リユース用品の確保に努力した。使われなくなった習字セットや裁縫セット等が提供されたが，必要数をすべて確保するまでには至らなかった。不足分の数を準備しようとすれば，通常配当予算による対応は困難であったことから，教育委員会に相談をした。すると「被災にともなう避難児童生徒に対する就学支援措置の内容が，まだ（国や県から）示されていない」とか，「通常保護者が購入・準備してきたすべてについて，市予算で対応することには無理がある」と，市だけでは対応できないという返答であった。国や県の被災支援が必要であり，それがすぐに教育現場に示される。このことが災害時，緊急時の対応に求められることだと，つくづく感じた。

合せて学校で必要とする経費が，そもそも保護者負担を必要としない仕組みであれば，こうした問題に突き当たることはなかったはずである。被災児童の保護者に対し，実態と実情を知りなが

ら，当面は保護者に用品を揃える負担をお願いする説明しかできないことが，とてもくやしく思えた。

2）緊急時には緊急時の対応を

すぐに学習活動で必要となるランドセルや運動着，運動靴などは，学校で準備できないか調べ追求してみた。すると，「災害救助法適用にともなう学用品の給与について」という情報が見つかり，早速，市教育委員会にその活用について相談してみた。担当者からは「教科書や教育委員会に使用届出をしている教材・ワークブックの費用，小学生で1人あたり4,100円，中学生4,400円，高校生4,800円以内の文房具および通学用品が支給できる」と回答があった。これを受け，入学・始業式までに可能な限りの準備をすることができた。その後，教育委員会から「準備した用品を含め震災・原発事故にともなう就学援助で対応する」とされ，結果的に災害救助法による給与は受けなかったが，それでもこの「ゴーサイン」は年度当初の対応として大きな支えとなった。

こうした対応は，市町村によって違いがあったことが後にわかることとなった。災害救助法で準備することを優先した市町村，就学援助制度を適用し準備した市町村などである。国が補正予算編成の動きを示していたことから，「震災・原発事故に伴う就学支援」成立後の通知を待って対応を決めることとした市町村などもある。被災市町村と受け入れ市町村との間で，この対応の違いを調整する必要もあり，このことが混乱を生じさせる場合もあった。

震災後のすぐの4月の「入学式や始業式は，例年通りの日程で行う」とした県や市町村の動きは，今考えてもとても大変な困難

第1章　東日本大震災と子ども・学校，そして教室

を多くの学校に与えたと考えている。子どもたちは避難先と受け入れ学校を転々としており，その準備をめぐっては学校から教育委員会に1日に何度も各種の問い合わせがされていた。また，その問い合わせに対し，確約できる見込みと判断（決済）があって動く行政システムと，目の前のすぐに対応を迫られている学校とのズレがあり，「とにかく学校では，今どうするか判断がほしい」といらだちの声もある中で，入学式を迎えざるを得なかった。

　一方でまた，学校と対応をしてきた教育委員会や市役所等働く多くの職員は，部署の毎日の業務に加え避難所の支援や運営の任も果たしていた。それは，日夜の奮闘であり，自治体職員の絶対数が削減されていたことから，緊急事態の対応を進めるにも困難が強いられていた。財政的理由での自治体職員削減が，災害時，緊急時の対応に大きな障害となったことは，反省が求められるとともに，改められるべきである。

3）給食費や校外学習・修学旅行費の確保

　不十分さを残しながら準備を整え，入学式，始業式を終えた。しかし，次にまた大きな課題が待ちかまえていた。それは，毎日の給食費，校外学習費（見学学習等），そして額も大きくなる修学旅行費などをどうするかということであった。

　市は従来の就学援助支給児童の場合，自校給食も「現物支給」扱いにし，保護者から給食費は集めることなく，給食費分の援助費が直接学校口座に入金される方法にしてきていた。私たちは，こうした取り扱いが被災受入児童の場合も同様の方法とされるよう，担当者に申し入れたのであるが，4月の中旬までの市教委担当の返答は「これまでの取り扱いができるかどうか，国や県から

示されていないので，今時点で同じくすることはできない」と繰り返される状況のまま進んだ。

　この返答がされる以前から，私は，自校給食の場合の食材費が「学校の私費」として扱われ，収納不足に対する一時的市予算（公費）投入により，食材支払を可能とする仕組みが整っていないことに疑問を持っていた。そして，このままでは，緊急時，非常時にもかかわらず保護者から集金しなくてはならないことに悩んだ。しかし，集めなくてもすむ見とおしはなく，しかたがなく，新年度最初の参観日に行う保護者への学校経費説明会は，被災受け入れ児童保護者だけ別に設定することにした。そこで，自校給食校の会計の仕組みも説明し，給食費については保護者から集めることに理解を求めることとした。

　そして，私はこの保護者説明会に合わせ，震災後文科省が3月に示していた「就学援助の弾力的運用」方針を生かし，その申請のための説明も一緒に行うことを計画した。教育委員会事務局と事前に手続きについて打合せをし，校長や教職員にはきちんと説明をして準備に取りかかった。

　その説明会を終えての場面である。終了後，私が用意した「就学援助受給意向書」の「希望欄」へ，すぐにほとんどの保護者が○をつけ，それが提出されてきた。ある保護者は「みなさん（他の方）はどうなのですか」と尋ねてきた。私は「こういう時の制度です。必要とする時に生かしてください」，「これまでみなさんの出してきた税金による制度ですから，だれでも申請できますよ」と応じた。その保護者は安心し「そうですか」と，用紙に○を記入し提出してきたのである。また，ある保護者は会の帰り際

第1章 東日本大震災と子ども・学校、そして教室

に「(学校経費のことも含め) 今日は、安心して帰れる」と話していた。認定されるまで、食材費を集めなければならないことを抱えたままではあったが、「説明会を (別個に) 行って良かった」と、終了後職員室に戻ると教頭も声をかけてくれた。

4) 被災就学支援要綱と予算の確保

その後、5月に成立した国の震災支援のための第一次補正予算を受け、7月になりようやく市の「東日本大震災により被災した児童生徒の就学支援に関する要綱」が整理された。このことによって、避難・被災児童への支援内容が確定し、ほぼすべての避難・被災児童が支援対象とされ、2011 (平成23) 年度中は、保護者からの集金を必要とせず、お金の負担を心配させないことにつながった。

さらに、第三次補正で2012 (平成24)、2013 (平成25) 年度分の予算も基金として設けられた。しかし、今現在でも原発事故被災地域は、復興どころか復旧も進んでいない。したがって2014 (平成26) 年度以降はどうなるのか、非常に危惧されるところである。

また、2011 (平成23) 年度は、就学支援基準額総額の枠内であれば、支給項目毎の限度額を超えても支給できる扱いとされた。そのことで、保護者集金を発生させない市と学校の対応が施された。しかし、2012 (平成24) 年4月以降は、全県で従来の就学制度と同様の取り扱いとされ、援助費は支給項目ごとの限度額以内とされてしまった。修学旅行や校外学習費が限度額を超える場合、超過分は保護者の負担となってしまう。全県で統一することにより、学校現場での対応においては、内容の後退と受け取れる場合もある。「2011年度はできたことであり、何とかできないか」と、

現在，市教委に運用改善をお願いしている。

　5）就学援助費の地域格差

　今回の震災・原発事故を受け，私は，自治体により就学援助制度の内容，支給額に違いや差があることを，あらためて認識した。給食費が全額支給となる自治体とそうでない自治体，支給項目毎の支援額（限度額）にも開きがあること。また，支給項目として卒業アルバム代が対象となっている自治体とそうでないことなど。また，今回の震災にともなう就学支援は，児童や保護者にとって大きな支えとなっているが，しかし，その内容は通常の就学援助制度の域を越えることができず，示された支給項目や限度額について比較すると，先進自治体の従来の就学援助の方が上回っている場合もある。

　こうしたことになってしまう理由として，私は，そこに子どもたちの教育保障のためどれだけ経費が必要であり公費保障するのかという考え方が，自治体や地域の到達点によって違いがあり，それが就学援助にも反映しているからではないかと思う。

（3）問われてきた「教育費思想」

　1）被災児童の受け入れをとおして

　津波による被災・原発事故避難児童を受け入れる際，児童や保護者の姿からは緊張と不安が伝わってきた。心も身体もぎりぎり頑張っている子どもたちと保護者であり，いつ張り裂けても不思議ではない状態だった。

　こうした不安や動揺は，転入を余儀なくされた児童だけでなく，突然多くの児童たちと生活を一緒にすることになる本校児童も同

じであった。したがって，こうした子どもたちの状況を受け止め，対応ができる学校づくりが私たち教職員に求められた。限られた教職員で，まったく違う状況を強いられた子どもと保護者の対応に努力したのであるが，限界があったことも事実である。たとえば私の学校では，40名を区域外就学児童として受け入れた。この受け入れ時期にこそ，子どもたちと向き合い，支え，ケアできる要員の配置が必要であった。そして，その配置があれば，より丁寧な対応が進められたのではないかと，悔やまれる場面が多々ある。

今日，多様な子どもたちと保護者の実態から，通常時においてもカウンセラーやソーシャルワーカーなど，子どもたちとかかわる人びとや機関が連携し，つながりあって育むことが重要になってきている。それに加え，緊急時は，その体制がすぐに補強される仕組みや優先した対応が求められるのではないだろうか。

2）学校が「揃える」ことを求めることは必要性か

さらに，子どもの持ち物について，学校で決めて同じものを「揃える」ことや，その費用を保護者に求めることの見直しも必要とされるのではないか。このことも被災・避難児童を受け入れる際に考えさせられたことであった。

40名の受入児童それぞれが，転入後も以前通っていた学校の運動着を着用していた。南相馬から楢葉町の児童で学校もそれぞれ違い，色やメーカーも違っていた。学校の校章入り運動着をわざわざ購入させ，色指定やメーカー等も指定する必要性や理由が本当にあるのか。同じようなことが，通学靴や上履き，運動帽子などでも言える。私の学校では教職員が話し合い，そのことで支障

は起こらなかったが、リサイクル、リユースも含め、学校が子どもたちや保護者に一定の規制をしてきたことの是非について考えさせられた場面であった。

3）「教育費思想」の共有と共同

区域外就学児童と保護者は、避難所や宿泊施設、仮設住宅などと、自宅以外への転居・移動を余儀なくされ、経済的負担も強いられていることに変わりはなかった。何よりも震災・原発事故がなければ、以前の日常生活を変える必要もなかった。しかも、「起こるはずがない」とされてきた原発事故からの避難であった。そうした子どもたちと保護者すべてが被災者であるはずなのに、「払える人には払ってもらう」という応能負担が求められたり、被災者間を区分をしたりする動きが、支援対応に持ち込まれようとした時期があった。これには、正直いらだちを感じた。

しかし、そうした動きは、教育行政にかかわる人びとを含め、教育費に対する認識＝「教育費思想」の温度差、到達目標点の違いにより起こっていることではないかと徐々に気づくことになった。だから、それ以降は、これを埋め合い、共有し合うことなしには前に進まないと考え、目の前の保護者や子どもたちが抱える状況をそれぞれに反映させ、知恵を出し合うことに努力した。すると、教育委員会担当者などと一緒に方向が見いだせたり、それまでのすれ違いを修正したりする場面がでてきて、課題があればその解決に向けた努力も追求できる関係をつくれるようになった。私自身、あらためてこの間を振り返ると、市や教育委員会に働く人びとが市民や保護者の暮らし、あるいは子どもたちが教育を支障なく受けられるようにとそれぞれの分野で努力していること。

そして，学校事務も，こうした努力とつながりあって機能することが必要であることを認識させられた。

東日本大震災・原発事故以前から，保護者の経済的状況は格差と貧困を生む政策によって悪化していることを，私たちは直接，間接的に子どもたちの背中をとおし，その現れを見てきた。福島県の震災・原発事故による被害は，それに加えて打撃となっている。異常事態の時だからこそ，こうした構築がより大事にされる必要があると痛感している。

(4) 積み残してきた課題が鮮明にされた「3.11」
1) 公費＝学校配当予算の現状

市町村の学校配当予算は年々きびしくなる一方で，子どもたちの学校生活や学習活動を支障なく運営することが容易でなく，切り詰めようにも限界となっている。

教育活動に必要な資材を準備していく場合，予算不足から「一人ひとりに準備できないので，二人で一つにできないか」などと検討せざるを得ないことも起こりがちである。これは，教員にとっても学校事務職員にとっても，何よりも子どもたちにとってとても残念でくやしいことだった。学校の予算は，子どもたちの教育活動の内容と質に直接反映するものである。

ところが，この仕組みにも問題を抱えてきた。学校が使用採択をするワークブックやドリル教材，副読本や実習教材，運動着や給食食材費など，これらは，保護者が負担する経費とされてきている。しかし，負担する側の保護者や子どもが，これを選択（採択）したり，その額を決定したりすることにかかわる仕組みがな

いままとなっている。しかも、公費としての積算が不可能なのかどうかも検討されずにきていることが多い。あえて言えば、何事においても保護者負担を「前提」としてきてしまったとも言える。学校施設の維持や管理の費用は、かろうじて市町村費で賄われている。しかし、子どもたちの学習、教育活動の側面からその経費の負担を見ると、実は保護者の負担が公費を上回っていた。

　私はこのような現状を少しでも変えようと、これまで入学時の保護者負担とされてきた算数セットや工作板、カスタネットや粘土などを、同僚の教職員や保護者と一緒に見直し、学校備えつけとして揃える工夫をし保護者負担を少なくできるようにしてきた。こうした積み重ねで一定の改善はできるものの、すべてを揃えることはできない。それは、配当予算の多い少ないだけでなく、さらに公費負担を妨げている大きな障害に突き当たってしまうからである。

　２）保護者負担とされてしまう壁

　この公費化をむずかしくしている壁が、「受益者負担」である。果たして、子どもたちの教育の「受益」が、個々の子どもや保護者にあるとされるのか。また、そのための「一定の負担」は「やむなし」、あるいは「当然」なのか。歯止めもない「受益者負担」の考え方が持ち込まれ支配されていて、これを克服することはとても容易でない。「実習製作したものは、個人の所有になる」、あるいは「家庭科実習でつくったものは食べる」という理由で、教育活動を成り立たせる必要費用にもかかわらず、そこで「受益者負担」が正当化されてしまう。「義務教育」であり「無償」とされているはずなのに。

必要な経費の何をどれだけ、だれが負担するのかが明確にされてこなかった。適切な学校財政論が確立されてこなかったこれまでのツケと問題が、今回の震災・原発事故によってあらためて浮き彫りにされた。これを克服していくため、学校や保護者、教職員、あるいは市町村の教育委員会や担当者で、認識を共有し一致させていく努力をし、教育を社会全体で支える仕組みとしていくことが求められる。

(5) 学校事務の福祉的機能への着目

すでに、原発事故から2年が経過した。2012（平成24）年12月現在、県内におよそ10万、県外に6万と、いまだに16万人の県民が避難生活を送り、将来の見とおしに不安を抱え続けている。

2011（平成23）年12月、政府は「事故収束」宣言を行ったが、「原発事故さえなかったら」とする県民の実態や苦しみは、置き去りにされたままである。それどころか、収束宣言により支援策などが「打ち切り」の方向の動きもあり、同じ県民、同じ被災者の分断が危惧されている。

「せめて子どもたちの学校生活に対し、お金の心配をさせないようにしたい」。

これは震災・原発事故後、学校事務職員としての私の仕事の課題として重く位置している。そのためには、学校では他の教職員や保護者と、学校の外では教育委員会や地域と共同することも大事になっている。

子どもや保護者、地域の抱える状況は、その困難が解消される見とおしも開けていない。この間、学校事務職員の仕事は、福祉

的側面を持つ学校での大切な機能ではないかと認識している。そう捉えると，教育委員会や他の機関の持つ福祉関係者とつながり合うことによって，学校事務の福祉的機能も発揮できると考えられる。

　私は，保護者の子育てを支え，子どもたちの成長と発達を保障するため，一人ひとりの抱えている問題や課題を解決していくために努力していきたいと考えている。そして，そのためにも，子どもに関係する人びととつながり合い，支え合う学校事務職員でありたいと思っている。

3　多職種との「だぶり」をつくるチーム支援をめぐる課題

(1) がんばれ，がんばれの時期が過ぎて

　「(前略) 父さん，日本で生まれて損したと思わんか？／何でそう思うんじゃ？　家の後ろには火山があるし，前には海がある。その二つが悪いことしようと，地震や津波を起こしよる時にゃ，だれも何もできん。いつもたくさんの人をなくさにゃあいけん。　危険の真っ只中で生きるということはな，生きることがどんだけいいもんかわかるというもんじゃ。(中略) だがな，生きる限りはいさましく生きること，命を大事にすること，木や山や，そうじゃ，海でさえどれほど綺麗かわかること，仕事を楽しんですること，生きるための糧を産み出すんじゃからな。そういう意味では，わしら日本人は幸せじゃ。」(パール・

第1章　東日本大震災と子ども・学校，そして教室

S・バック『つなみ　THE BIG WAVE』）より。

　東日本大震災は，発生後2年を迎えた。発災初年度の支援の混乱や戸惑いは，この2年間で修正されてきた部分もある。私たちは何に取り組み，何を積み上げてきたのか，そして何が解決されていないのかを振り返る時期である。筆者平成24年度までは，学校臨床領域で支援を行う臨床心理士（スクールカウンセラー，以下SCと略す）であり，震災後は，学校教育での子どもの心のケアに携わってきた。その間，福祉・医療・教育・心理など多職種が集まる研修会や会議に継続的に参加する機会も得た。本節は，筆者が経験した，岩手県教育委員会「いわて子どものこころサポートプログラム」，岩手県社会福祉士会主催「SSWr連絡協議会ならびに研修会」，「東日本大震災津波子どもの心のケア推進プロジェクトチーム会議（ワーキンググループ・コアメンバー会議）」をとおして見た多職種連携とチーム支援について，要点と課題を整理する。

（2）いわて子どものこころのサポートの取り組み

　岩手県教育委員会は，東日本大震災により心的影響を受けた子どもたちを組織的に支援するため，2011（平成23）年4月「いわて子どものこころのサポートプログラム」をスタートさせた。この事業は，阪神淡路大震災など過去の大災害から得た経験と知見をもとに，学校教育の中で継続的に子どもたちの心のケアを行おうとするものである。このプログラムの特徴は，子どもたちの日常の様子を継続的に観察することができる教師が，災害後に見ら

れる心身の反応（トラウマ反応）・ストレス反応などを理解し，学校で心理教育を行うこと，心配な子どもや問題が見られる子どもを早期発見し，SCや巡回型カウンセラー（臨床心理士），医療機関につなぐことを目指した点にある。このプログラムを進めるため，岩手県教育委員会は6名のSC（臨床心理士）と2名の県立総合教育センター指導主事を「こころサポートチーム」として編成。チームは，情報収集，教員研修，指導案等資料作成，アセスメントのための健康観察の作成とその活用の提示など多様な業務を行ってきた。

1）いわて子どものこころのサポートプログラムが生まれた背景

岩手県教育委員会がこのプログラムを計画した背景には，岩手県の教育の文化，震災前から沿岸部が抱える地域の課題などが伺われる。医師不足が深刻な例として，沿岸部でもっとも人口が多い市でさえ，市内に居住する小児科医はわずか数名，子どもの数を医師で割ると一人あたり3,500人という状況がある。児童精神科医の受診などが可能な専門医療機関は極端に少なく，重篤化しなければ受診に結びつかないことや，受診を希望しても100キロ以上離れた内陸の病院へ通院しなければならないというきびしい環境にある。一方公立学校は，地域・家庭とのつながりが強く，学校は地域コミュニティに根をおろし，家庭や地域は教科・科目，教科外活動，防災教育，学校行事などに協力している。これらの特性から，岩手県教育委員会は，学校の中で子どもたちに最小限必要な心のケアやストレスマネジメントを行うこと，子どもたちの震災の影響について小学校入学から高校卒業まで発達段階を追って長期間見守り続ける仕組みを確立しようと考えた。

第1章 東日本大震災と子ども・学校,そして教室

2) こころのサポートプログラム3本柱:「教員研修」「人的支援」「健康観察と心のサポート授業」

こころのサポートプログラムは,「教員研修」,「人的支援」,「心とからだの健康観察と心のサポート授業」の3本の柱から成る。教員研修は,発災1か月後から開始し,沿岸部を中心に県内36か所で46回開催した。2011(平成23)年度にこの研修会に参加した県内の教員は2,602人である。2012(平成24)年度は,トラウマやストレスの理解,心のサポート授業の実施の仕方,教育相談体制など12種類の研修パッケージを作成し,学校教育現場と幼稚園に提供した。希望するテーマを申請すると,こころのサポートチーム,県立総合教育センター,巡回型カウンセラーが現場に出向いて研修を行った。校内研修会などの小規模な会も含め,2012(平成24)年は119回4,235人の教員が受講した。

人的支援とは,臨床心理士のSCの継続的な配置と組織化である。2011(平成23)年5月〜6月までの6週間は,県外の臨床心理士を沿岸部の被災校に緊急派遣し,教員へのコンサルテーション,児童生徒への心理教育の授業などを行った。その後,複数の団体の力を借りながら被災地の拠点校での相談を引き継ぎ,2011(平成23)年9月からは,県外の臨床心理士が巡回型カウンセラーとして配置され,沿岸部に居住して支援を行っている。巡回型カウンセラーは,教育事務所,市町村教育委員会と連携し,学校を巡回し研修会も行う。こころのサポートチーム,巡回型カウンセラー,岩手県教育委員会の三者は定期的に情報交換会議を開き,組織的な対応を進めている。また,岩手県教育委員会は震災後,スクールソーシャルワーカー(以下,SSWrと略す)を5名緊急配

置し,巡回型カウンセラーとSSWrが信頼関係を築き,それぞれの専門性を生かしながら支援を進めている地域もある。

心とからだの健康観察(小学校版19項目,中・高校版31項目)は,子どもたちの心身の状態を把握するために作成されたチェックシートであり,子どもたちがストレスやその対処法について学ぶ「心のサポート授業」の中で実施する。このチェックシートは,震災による心理的な影響だけではなく不登校,対人関係,いじめ,家庭内の葛藤,非行,学習や進路などによるストレスについてもチェックすることができる。心のサポート授業では,ストレスの対処法,セルフケア,認知－行動－情緒のつながりなどを教えている学校もある。困った時には信頼できる大人やSCに相談することを伝えると同時に,教師の観察と組み合わせ総合的に子どもたちの様子を把握する。健康観察は1年に1回,本県のすべての児童生徒を対象に実施し,2012(平成24)年には2回目が行われた。

3) 今後の課題

今後の課題は「医療・福祉へのつなぎ」,「子どもたちの反応の変化の共通理解」,「教師支援」である。心とからだの健康観察の2年目の結果では[4],回復傾向にある子どもたちと回復が遅れている子どもたちがいることから,専門的な治療が必要な子どもや家族を医療機関につなぐことが必要になってきている。また,被災した家庭ではさまざまな負担が長期化し,子どもの育ちを支える基盤が弱まり,子ども自身がもともと持っている発達特性,家庭内葛藤,親の養育能力や経済的な課題が大きくなってきている。このことから,福祉との連携がますます重要となる。2点目は,

子どもたちの反応が初期とは異なってきていることの共通理解である。たとえば、話したくない、思い出したくないという回避や解離があること、普段は落ち着いているけれども過度なストレスがかかると急に心身のバランスを崩すこと、ひとたび興奮すると感情や行動の抑制がむずかしいなども見られる。また、SCへの相談の仕方についても、震災の体験を直接的に語るのではなく、今の身体症状や対人関係などの悩みとして表れ、相談が進むとだれにも話せなかった被災の体験を語り始めることもあり、これらの「隠れた被災事例(5)」に注意を向ける必要がある。教員研修などをとおして子どもたちのサインを見逃さないように共通理解するとともに、どのような問題も広く支援する学校教育相談の体制整備が必要である。3つ目の課題は教師支援である。こころのサポートプログラムは、学校と教師の教育活動を基盤とした子どもの支援システムであり、教師が心身健康であることを前提としている。自身も被災をし、その上さらに支援者としての役割を担っている教師や、内陸からの移動転勤で沿岸部との温度差に苦しむ教員も多い。教師支援の仕組みが早急に必要である。

(3) 多職種が集う『場』をとおしての学び

東日本大震災発災後、子ども支援のシステム構築に向けて多職種が集まる研修会や会合が多く開催されるようになった。これを通して他職種間の理解が深まり、ネットワークがつくられている。

1)「SSWr連絡協議会ならびに研修会」への参加をとおして

標記研修会は2012（平成24）年度、岩手県社会福祉士会が主催した。盛岡市などの県央地区の他に県南地区、沿岸地区でも開催

され，SCや教師など多職種が集う「場」となった。県外のスーパーバイザーが，講師兼ファシリテーターとして講習と演習を行い，これによって参加者のコミュニケーションが活性化された。たとえば，沿岸部で開催した回では，巡回型カウンセラー（臨床心理士）とSSWr，教育委員会担当者が出席し具体的な連携の場となった。講演会とシンポジウムが行われた回では，1校の中学からSSWr，SC，教育相談担当者，管理職が揃って出席し，SSWrの活用事例や期待が語られた。またこの会をきっかけに社会福祉士が教員研修会の講師を務めたり，高校教員とSSWrの有志による自主勉強会も立ち上がるなど波及効果も見られた。岩手県社会福祉士会が，震災を機に連携意識が高まった支援者に声をかけ，多職種が継続的に顔を合わせる「場」を提供し，そのことがお互いの理解を深め自然発生的なネットワークが形成された。この意義は大きいと筆者は考えている。

2）「東日本大震災津波子どもの心のケア推進プロジェクトチーム」への参加をとおして

東日本大震災子どもの支援センター岩手県事務所[6]は，被災地の子どもたちの心のケアと健やかな成長を支援するために2012（平成24）年3月から活動を始めた。本県事務所は，子どものこころのケア推進プロジェクト（事務局：岩手県児童家庭課）の検討をふまえ，沿岸の保育園児等の遠足を支援するわんぱくキッズ招待事業，遊び場支援，支援者研修会，「泣いてもいいんだ事業」等を実現させた。筆者はワーキングチームの中のコアメンバーとして出席した。コアメンバーは，医療，教育，福祉，心理の専門家で構成され1年間に14回の会議が開催された。小さな思いつきでも

発言ができるオープンな雰囲気があり、そのアイディアのひとつとして「あなたがだいじ　こころにばんそうこう」というメッセージが入ったばんそうこうを、小・中・高等学校に配布した(泣いてもいいんだ事業)。また、子どもを支援するネットワークを、もれや見落としがないようにシステムとして機能させるためには、全体を俯瞰するセンター的な役割を持つ機関が必要であることも検討され、県に提案をした。そのことも力となり、2013(平成25)年5月、児童精神科クリニックを併設する「いわてこどもケアセンター」が開所した。

(4) 多職種連携におけるだぶりとチーム支援

　東日本大震災を機に、多職種連携の様相が大きく変わった。山本は、被災地の高校生の言葉に専門家としての苦悩と葛藤をだぶらせ、(「津波のために急に無理矢理大人にさせられたが、大人になることに慣れていない」、「でも、いずれは大人になるのだから、津波に変えられたのではなく、それが早まっただけだ」)震災によって見えてきた要点や課題は、仮に震災がなかったとしても心理臨床家やその他の職能集団がいずれは解決しなければならなかったものだと述べる。⁽⁷⁾多職種連携やチーム支援についてあらためて振り返り、①連携やチーム支援ができる専門家として必要な要素、②連携やチーム支援に必要な要素、③今後の課題、について考察する。

1) 連携やチーム支援ができる専門家として必要な要素

　多職種と連携ができる専門家となるために必要な要素は多々あるが、ここでは3点を挙げる。1つは、「アセスメント」である。東日本大震災は、専門家が、慣れ親しんだ自分の領域から一歩外

に出た時,もっとも重要な力がアセスメントであることに気づかされた。そして震災では,自分の専門領域で用いている通常のアセスメントよりも,もっと広い視野が必要であることも学んだ。たとえば,震災直後に被災地に入った心のケアの専門家は,東北の人たちの言葉による表現の少なさに,「話す」という心のケアの手法があまり役に立たなかったと報告されているが,明治・昭和と,村のほとんどの人が亡くなるような壮絶な津波を体験してきた三陸沿岸の人達が死に向かい合った時の表現であることに気づく必要があった。同様に,岩手県教育委員会が,学校教育現場での子どもたちの心のサポートをすぐに,組織的に行ったことも,現地の医師不足,専門機関不足の課題があったからである。これらの経験を考え合わせると,アセスメントには「コミュニティ全体という空間的広がりを持つアセスメント」という軸と,「地域コミュニティの歴史や子どもたちの発達,変化という時間的広がりを見るアセスメント」という2つの軸があることに気づく。多職種連携の利点は各専門領域のアセスメントを組み合わせながら,広く見通すことであり,その上で「今ここでできる具体的な支援(介入)」を具体化し,役割を分担することだと考える。特にSSWrが持っている子どもが生活する場の空間的な広がりをアセスメントする力は重要である。2つ目は,「伝える力・つながる力」である。鷲田清一は別の領域のプロフェッショナルと同じ課題に共同で取り組むことができるためには,自分の専門的知見に関心を持ってもらえるように自らの専門についてイメージを豊かに説明し,また深く刺激するような訴えかけが必要であると述べる。腑に落ちたという感覚やイメージの共有は,連携やチーム支

援において、きわめて重要である。エネルギーになると筆者は感じる。3つ目は「他職種を尊重する力・一緒に育つ力」である。専門家同士だけではなく、たとえば学校にいる支援員や地域にいる相談員など、専門的な資格を持たない支援者についても同様である。自分以外の職種を尊重し、ともに育つことが、地域資源の力量の底上げになる。

2）連携やチーム支援に必要な要素

他職種間のネットワークづくりや連携、チーム支援に必要な要素として3点を挙げる。1つは、「場をつくること」である。前述した研修会や会議は、「場」をつくることでネットワークを創出した。「場」という観点から筆者自身の学校臨床を振り返ると、SCが機能するためには、校内で教育相談会議が定期的に開かれ、SC、養護教諭、学年長、教育相談担当者、生徒指導担当者、特別支援担当者、支援員など支援者が出席することがきわめて重要な要素となる。より細かく見ると、職員室での担任との会話や、井戸端会議的に情報交換したりすることも同様の意味を持つ。普段から声をかけあっていることが、SCに教師が相談を持ちかける時の敷居を下げる。このような場があり、コミュニケーションが促進され、それが土台となって、援助に関するネットワークがつくられ、そして支援が動き出すと考える。2つ目は、「（このような）場の設定の仕方・雰囲気」の工夫である。多数の参加が集まる大規模な研修会は、知識を習得するためには効率的だが、顔が見える関係にはなりにくいため、ネットワークづくりという点では効果的ではない。集まるメンバーが大きく変わる場よりは、同じメンバーが出席する会の方が、コミュニケーションが活性化

される。その他，出席者の緊張感や抵抗感を下げることや，アイディアを出しやすい雰囲気も重要である。最後に，チーム支援の要点として，チームメンバーが目標や方針，物事をどのように進めているかを共有することがある。こころのサポートチームでの活動の経験では，月1回定期的に開催された「ここサポ会議」や「巡回型カウンセラーとの合同会議」において，目標や方針を確認し，作業を進めていったことが重要であった。また，リーダー役は，メンバーの特性を十分理解し，多様性を認めて活かす環境づくりを考えることも重要である。

3）今後の課題

この2年間は，多職種連携やチーム支援のための下地づくりが始まっている。しかし，まだつながりを持っていないところもあるかもしれない。子ども支援の活動を包括的に見わたし，ネットワークを広げる，さらにネットワークをシステムとして継続的に機能させるために全体を俯瞰することが今の段階の課題である。また，支援の継続性を考える際，意欲を持ち続けること，多職種連携とチーム支援ができるように専門家を育成すること，スーパービジョンシステムなども必要である。これらの課題の解決には取り組みの計画性と積み重ねが必要である。焦らず，一つずつ解決していくのみである。

（5）希 望

本県の被災地は，津波で流された建物の土台が今も海風に曝されている。この風景を見ながら毎日通学している子どもたちは，何を感じ，何を考えているのだろう。あるいは感じないようにし

第1章　東日本大震災と子ども・学校，そして教室

ているのだろうか。復興は急ぐ必要があるが，忘れてはいけないことがある。それは，心の整理や心の変化の時間は一人ひとり違うということだ。子どもたちの今の日常の支援としては，ふざけやいたずら，さまざまな小さなしあわせな体験や遊び，安心できる大人とのゆったりした時間を保障し，しあわせな子ども時代を体験させることである。専門的な支援としては，多層的な支援の仕組みを整えることであり，将来に続く支援としては，いつか語りたいと思った時，その思いを受け止められる場所をなくさないことである。津波で家族を亡くした男性は，「2013（平成25）年3月11日は三回忌になります。この日はつらいですが，この日が過ぎれば前に進めそうな気がします」と話した。この男性は，ようやく涙を流すことができるようになり，季節感や自分の感情が戻ってきたという。筆者が「冷凍保存されていた感情が溶けだしているんですね」と言うと，「その言葉はぴったりです」と答えた。良いこともつらいこともまだまだくり返されるかもしれないが，変わらない風景には春の兆しも感じられる。そして東北の子どもたちは，きっと乗り越えていくことができると信じ，希望を持って進んでいきたい。

〈注〉
(1) パール・S・バック／北面ジョーンズ和子ほか訳『つなみ　THE BIG WAVE』径書房, 2005年。
(2) 岩手県の人的被害は，死亡者数4,672名，行方不明者数1,169名（2013〔平成25〕年2月現在），震災により親を亡くした児童については，震災孤児数94名，震災遺児481名（2011〔平成23〕年3月現在）である。
(3) この事業の詳細は，山本奨「〈臨床現場から動きを創る第1回〉被災地の子どものサポートと支援者に求められる力」『臨床心理学』13-1, 金剛出版, 2013年, 151〜155頁，三浦光子「〈特集　災害トラウマからの快復

に向けて〉東日本大震災における支援の体験——包括的心理支援システム構築原点として」『臨床心理学』12-2，金剛出版，2012年，171～179頁。冨永良喜・三浦光子・山本奬ほか「大規模災害後の子どもの心のサポート授業」『トラウマティックストレス』10-1，2012年，11～16頁が報告している。
(4) 教育長記者会見（2013〔平成25〕年1月24日）における質疑応答，岩手県ホームページ。
(5) 山本，前掲書(3)。
(6) 東日本大震災子どもの支援センター岩手県事務所（http://www.ccscd.jp/iwate）。
(7) 山本，前掲書(3)。
(8) 鷲田清一・赤坂憲雄『われわれは何を負わされたのか——東北の震災と想像力』講談社，2012年。
(9) 鷲田，同上書，220～229頁。

4　教育実践の問い直しから考える
——学校・教師が求める福祉との結合

(1) 教師の教育実践と学校ソーシャルワークとの協働のために

　筆者は学校ソーシャルワーク（以下，SSW と略す）についての研究や実践には疎い立場にある。しかしこの数年，SSW に強い関心を持ってきた。その理由は，教師は DV に苦しむ母親についてどれだけ理解できるか，支援のネットワークへつなぐための情報を持っているか，DV にさらされている子どもは心理的虐待を受けているという認識があるか，ネグレクトや虐待が疑われる場合の通告義務は周知しているかなどについて考えると，はなはだ心許ないからである。法や制度が整っても，救わなければならない子どもが通ってきている学校内に，それを認識できる人がいなければ，子どもの権利は守られない。

一方，日本の教師は子どもの生活まるごとを受けとめながら教育実践を行ってきた。すぐれた教師たちはSSWも含んだ実践をして，子どもたちの成長・発達を促すだけでなく，親たちをも支えてきた。しかし教師たちが多忙になり，家庭訪問を繰り返したり，困難を抱えた子どもや家庭に寄り添ったりする余裕が失われている。また教師の世代交代の中で，そうした実践の継承もむずかしくなっている。

日本の教師たちが取り組んできた福祉的側面を教育実践の中にあるSSWとの協働へとつなげていく必要があるだろう。しかし現実には教師の実践がSSWと切れているために，子どもと家庭を福祉や医療とつなげていかなければ子どもの最善の利益には結びつかない問題を，教育実践の中にとどめてはいないか。同時に，教師たちの教育実践が内包しているSSWの側面を見なければ，教師の実践とSSWが有機的に結びつかないのではないか。こうした問題意識から，教育実践を捉え直してみたい。

（2）困難を抱えた子どもたちのいる教室で

首都圏近郊の小学校で，教員2年目，5年目，臨採の20代の若い教師3人と，定年を2年後に迎えるベテラン教師とで4学級の1年生の学年がスタートした。学級編成に先立ち，6つの保育園・幼稚園を全部訪問して，子どもたちがどんな幼児期を過ごしてきたか，親の生活状況なども聞いてまわって，4月1日に学級編成と学級担任を決定した。ところが，入学式までの数日間に指導のむずかしい子どもたちが数人いることがわかる。翌日に入学式を控えていた時だったため，もはや学級編成をし直すことはで

きなかった。

　入学後，しだいに子どもたちの様子がわかってきた。経済的理由で幼稚園にも保育園にも行ったことがなく，修学前の保育や教育をまったく受けられなかった子どもが３人いた。経済的に苦しくても母親が働けず，保育園にも行けなかったのだ。父親が病気で家にいて，母親が働きに行っている女の子は，300円の集金も持ってくることができず，１週間毎日に同じ服を着てきた。

　20代の臨採の教師が担任することになった学級に，指導のむずかしい子どもたちが３人いた。とりわけＡ男は暴れると手がつけられなかった。１年生みんなで植えたアサガオの芽が出た時，それらを全部きれいに摘み取ってしまった。援助に入っていた特別支援学級の教師は，Ａ男に突き飛ばされて腰を痛めた。臨採の教師は学校を辞めた。２学期から代わりの担任としてやってきた50代の教師は，３月までに５キロも体重が落ち，あまりにつらい日々を思い出したくないと離任式を欠席した。

　教師たち４人は毎日のように学年会を開き，子ども理解についての話し合いやわかりやすく教えるための教材の共有などさまざまな協力体制をつくって，１年間を乗り切った。そして２年生になる時，学級を編成し直した。

(3)「遊びたい」気持ちを暴力ではなくことばで伝える

　渡辺恵津子がＡ男の担任となった。Ａ男は，生後２か月の時に母が家出したため，祖母と父の３人で暮らしている。Ａ男は表情が乏しい子どもだった。祖母はリュウマチの痛みのため，いつも顔をしかめているので，表情がないのもしかたないのかもしれな

かった。父親は飲食店で夜中まで働いているため、昼間は寝ている。A男は日中家にいる時は祖母と過ごしている。朝は、茶ダンスの中からパンを探して、テレビを見ながらひとりで食べて学校にやってくる。保育所でもしょっちゅう暴れていた。同じ保育園に通っていた女の子は、2年生で同じクラスになったことを知った時、恐怖で泣き出してしまった。

　2年1組の最初の日、担任の渡辺は一人ひとりの名前を呼んだ。A男はそっぽを向いて返事もしなかった。渡辺は子どもたちに「先生へのお願い」を書かせた。するとA男が「ぼくがわるいことをしたら、やさしくおこってください」と書いてきた。渡辺は「朝の会」でA男の願いを読み上げ、「先生はやさしく怒りません」ときっぱりと言う。A男は一瞬おどろいた顔をしたが、「私は、Aくんの良いところを見つけていっぱいほめたいと思います」と続けた。その次の日、渡辺が名前を呼ぶと、A男は横向きながらも「はーい」と返事をした。渡辺は「Aくんの声が聞けてうれしいです」と返した。

　渡辺は「帰りの会」で、よかったことだけでなく、「嫌だったこと」、「やめてほしいこと」を子どもたちが率直に言いあい、どうしたらいいか話し合うようにさせていった。子どもたちは教師に訴えるのではない。「〇さんが〜するので、困っているんですけど、どうしたらいいと思いますか」と学級のみんなに相談する。本人が謝る場合もある。いい方法を考えて発言する子もいる。渡辺は「みんながこう言っているけど、〇さんはそれでいい？」と確認するが、こうしなさいと言うことは、ほとんどない。

　一学期、「帰りの会」で、「みなさん、聞いてください。Aく

んは，ぼくが何もしないのに消しゴムをとったり，鉛筆をとったりするんです」とA男の隣の席の子どもが訴えた。すると，ある男の子が「Aは遊びたいからそういうことをするんだと思います。だからそういう時は，おまえ，おれと遊びたいのかって聞いたらいいと思います」と提案した。それ以来，少なくとも男の子たちの中には，A男の乱暴な振る舞いについてそうした理解が広がった。ある日の「帰りの会」では，A男自身から「Hが蹴ったので，おまえ，ぼくと遊びたいのか？ それなら口で言えよと言いました」という話が出て，大笑いになったという。A男はしだいに遊びに加わることができるようになり，乱暴な振る舞いも少なくなってきた。保育園時代から暴力的な子どもと恐れられていたA男が，他の子どもたちと交わっていく一歩だった。

(4) 友だちのさまざまな生活を知り，つながる

　A男は父親が勉強を見てやると宿題はやってくる。しかし学習意欲が乏しく，すぐにあきらめてしまう。側でついて見てやると算数で100点とれることもある。父親は授業参観にも学級懇談会にも出てこないが，朝，父親に電話をすると仕事明けで風呂に入っており，お湯に浸かりながら渡辺の話を聞いてくれる。親から子への誕生日のメッセージカードもA男の父親だけ書いてくれなかったが，渡辺は父親にA男の成長を伝えていった。

　筆者は，この学級を9月から2月まで数回訪れ，A男をはじめとする子どもたちの教室での表現やかかわりを直接見る機会を得た。

　2学期になって，表情の乏しかったA男が笑顔を見せるように

なったと渡辺はいう。芋掘りでは，長い芋のツルを切らないように辛抱強く，深く土を掘っていた。算数や国語の授業では，なかなか授業に集中できないが，音楽では楽譜を見ながら大きく口を開けて歌っていた。ある日の休み時間，女の子が泣きながら教室に戻ってきた。渡辺が事情を聞くとＡ男にたたかれたことがわかる。渡辺はＡ男を呼んで静かに話しかけていた。するとＡ男が泣いていた女の子のそばに近づいて行って，ぼそぼそと何か言って，離れていった。謝ったようだった。

　3学期の土曜公開の授業で，親子でお手玉づくりをした時，Ａ男だけ親が来なかった。Ｋ子も父親と二人暮らしだが，Ｋ子の父はＫ子に寄り添うように一緒に作業をしていた。両親そろってきょうだいも一緒にお手玉づくりをしている子どもたちも多かった。しかしＡ男は，すねる様子もなく，むずかしいところは隣の子の母親に手伝ってもらいながら，集中して布に糸を刺していた。他の子どもにちょっかいを出すこともなかった。

　2月，雪が積もって校庭で雪遊びをした日，Ａ男は初めてまとまった作文を書いた。3月には，大人になったらパパと一緒にラーメン屋をやって稼ぐという夢を書いた。そんなＡ男の変化をクラスの子どもたちも認めていた。

　渡辺の学級にはさまざまな子どもたちがいた。いや，人は一人ひとりさまざまであることを認められる教室だったから，子どもたちはさまざまな生活や感情を表現できたと言った方がよい。

　渡辺は，子どもたちが家から持ってきたものを見せながら，自分の話をする「朝の発表」を行っている。また自由に書いてきた日記を読み合って，意見や感想を交流している。沖縄の小学校と

の学級間交流も行っている。算数の計算問題も漢字の学習もすべての教科で子どもたちが自分の考えを言い合い，わかっていく過程を大切にしている。そうして自分の生活の中で感じたこと，考えたことを自由に表現し，交流しながら学びあう教室をつくろうとしていった。

　A男と同じく父子家庭のK子は，2歳の時に母親が家を出た。運転手の仕事をしている父は，朝4時半に起きて仕事に出かける。K子は父と一緒に家を出て，祖母の家に行き，5時台に朝食を食べて学校に来るのだ。空腹で具合が悪くなるのか，4時間目には保健室に行ってしまうこともしばしばで，給食をたくさん食べると，午後は元気になる。放課後は学童クラブに行って，学童クラブには近所のおばさんに迎えに来てもらい，そのおばさんの家に祖母が迎えに来るという生活をしている。さみしがりやで，「夏休みになったら，さみしいからいやだ，先生，抱っこして」と甘える子だった。

　2学期の秋も深まった頃，K子は朝の発表で，毎朝4時半に起きている生活について話した。それを聞いた子どもたちから，朝の4時半がどれくらい暗いのかという質問が出る。週末に親に4時半に起こしてもらって，K子が起きる時間を体験した子どももいた。

　場面緘黙で，1年生の頃は学校ではひとことも話さなかったR子が，小さい声で発言するようになっていった。3学期，「あかちゃんの誕生」についての絵本を読んだ時，R子は手をあげて，双子で生まれてきたけれど，もうひとりは死んでしまったことを学級のみんなの前で話した。

第1章　東日本大震災と子ども・学校，そして教室

　母が難聴で，父がブラジル人のM子は，下にきょうだいが3人いて，生活も楽ではないが，小学校に入学した頃，「わたしは幼稚園行ってないから，登り棒の登り方も知らないのよ。だれか教えてちょうだい！」というたくましい子どもである。

　この学校の地域は，経済的に貧しい家庭が集まっているわけではないが，毎月期日に給食費を引き落とすことのできない家庭が数件ある。父子家庭のA男とK子以外に，両親が離婚していることを隠さず話しているN子など母子家庭の子どもも3人いる。「教育熱心」で，テストの点数を上げることをもっぱら子どもに要求する親もいる。家庭や親が多様であることは今に始まったことではないが，渡辺は最近，親たちのつながりのつくりにくさを感じている。かつては「おしゃべりノート」を回して親同士をつなぐことができたが，最近は親同士が率直に話をすることができない。数年前に受け持った学級では，親たちから届く手紙が1学期だけで山のようになった。親同士で話してみれば，自分だけじゃないとわかるような不安や心配を個別に教師に相談してくるようになったのだ。

　それでも学級通信で子どもたちの授業での発言，日記，おしゃべりやけんかなどを伝え，懇談会で親どうしがだんだん話せるようになっていく。しかし，A男の父のような親もいる。授業参観や懇談会に来られない親ほど，いろいろな助けを必要としていた。

（5）DV家庭の母と子どもをどう支えるか

　小学校教師の坂田和子は，1990年代後半，殴る父を持つ男子が複数いる6年生のクラスを担任した。その中でも稔の父親の妻へ

の暴力は、特に激しかった。ある晩、夫にさんざん殴られた稔の母は、ひとりでアパートから逃げ出し、深夜営業のレストランに避難していた。しかし、子どもを車に乗せて捜し回っていた夫に見つかってしまう。店の外に引きずり出されて、さらに殴る蹴るの暴行を受ける。

　稔は「お母さんが死んじゃう」と通りがかりの人に助けを求めた。警察が来て事情を聞かれるが、配偶者間暴力防止法施行以前のことで、夫婦げんかと見なされて父親は無罪放免だった。他方で警察は、母には「深夜に子どもを置いて遊びに行ってはいけない」と警告し、稔には「君は長男なんだから、しっかりしなくちゃな」と説諭して帰った。

　アパートに戻れば、また暴力におそわれることを恐れ、稔は母と小学3年、2歳、0歳の3人のきょうだいをつれて、夜中の3時に担任の坂田の家に助けを求めてやってきた。そして彼らが2泊していく間に、坂田は稔の母からたくさんの話を聞く。

　「高校を出て希望を胸に上京し、OL生活をしていた頃に夫に出会ったこと、新婚の頃に描いていた家族の姿、暴力が始まった頃のこと、母子寮に逃げ込んだが探し出され連れ戻されたこと……」を聞き、「逃れようのない構造の中で母は苦しみを背負わされていたのだと少しずつ了解していた」。しかし、「ごめんね。お母さんがもっとしっかりしなくちゃね」という母に、「まあいいけどさ」と返した稔の言葉を聞きながら、坂田自身にも「お母さんがもっとしっかりしなくちゃ」という思いがあったことに気づいたという。

　坂田は、稔一家とともに、緊急避難のできる場所を探し、手配

しておいた。父親の次の暴行の時に一家は緊急避難し，のちに母子寮に入居することができた。そして離婚も成立した。「こうした手続き等も，精神的に打ちのめされている時には，当事者は手がつけられずにいることが多い。ともに状況を開こうとする者の存在がどうしても必要なのだ」と考え，坂田は具体的な援助行動をした。

稔の母は，実は当時5人目の子を妊娠していたが，その時は坂田にそれを言わなかった。それを知らされた後で，坂田は稔の母が当時の自分に言えなかった理由を，以下のように分析している。

「夫婦間でも望まない性交渉はある。その苦しみを打ち明けてくれたのは，ずっと後になってからのことだった。母もまた，当時まだ私の中に偏見があったことを嗅ぎ取っていたに違いない。理不尽な暴行に苦しんでいる罪のない女に対して，『もっとしっかりしなくちゃ』というスタンスに立っている限り，私たちは彼女たちに出会うことはできない」。

DV被害にあっている母親，その母親をいつも守ろうとして守れなくて自分を責めている子ども，その親子を前にして「お母さん，もっとしっかりしなくちゃ」というスタンスを持ってしまうことを，坂田のように自戒できる教師は数少ない。

坂田は，1995（平成7）年，悪ガキ4人組と目されていたうちの3人の男子が振り分けられた5年生の学級を担任した。すぐに暴言，暴力で周囲を威嚇する彼らと下ネタにつき合い，対話を重ねるうちに，悪ガキ4人組は実は，隣のクラスにいった力也と他の2人が残りの1人を外し，力也以外の3人が順番に外されていくという傷つきおびえあう関係だったことがわかる。彼らの力関

係の背後にはサッカー部の能力主義を徹底させた指導体制があり，また暴力をふるう子どもたちが父の暴力の被害者であり，母も夫の暴力に耐えていることがわかっていく。

隣のクラスにいた力也の母親は，いつも夜遅く町中の公衆電話から坂田に電話をしてきた。「おびえたような声と口調は，暴力によって無力化された者の苦しさを物語っていた。私はしばらくの間，ただ『聞き取る』者としてしか彼女にかかわることができなかった」。

父親の暴力によって母親も子どもも沈黙と忍耐を強いられてきた家族関係にあって，「ヘルプを求めていたに違いない力也の暴力性を，表面的に『乱暴な子』と捉え，威圧的な対応（体罰，怒鳴る，孤立させようとするなど）でもって押さえ込もうとしたり，あるいは親密な関係性をつくって懐柔しようとしたり，おそらく苦悩の中にあったであろう母親に『何とかしろ』と要求したり，そうすることで力也とその家族を追い込む役割をしてきたのは，ほかならぬ教師である」と坂田はきびしく問うていた。

（6）震災，津波，原発事故を語り合う教室

白木次男は福島県南相馬市の小学校教師である。

福島第一原発から20〜30キロの屋内退避区域にあった原町1小は，わずかに30キロ圏外にあった鹿島区の小学校に間借りしての再開となった。子どもたちの4分の3は，放射能を恐れて県内外に避難し，残った子どもたちと新入生18名を迎えて学校が始まった。その際，教務主任の白木は教職員に「子どもの声に耳を傾けよう」と呼びかけた。「避難先での冷えたおにぎりや菓子パン1

個に水だけの夕食。地震がくるたびに眠れなかった夜のこと。毛布で寒さに耐えた日のこと。家具が倒れ，足の踏み場もなかったこと……。子どもたちはわれ先にと口々に話す。だれかに受けとめてもらいたかったに違いない」と白木は振り返っている。

　学校生活が落ち着いてきた7月，白木は5年生に「地震や津波，原発事故をみんなはどう思っているのだろう。書ける人は書いてほしい」と呼びかけた。何編もの作文が提出された。地震のゆれがこわかったこと，津波で家が流されたこと，原発が次々に爆発しておそろしかったこと，友だちと離れてしまってかなしいことなど，4か月前のできごとを振り返って書いてきた。白木は，それらを読んだ感想を書いてくることを宿題にして，作品ごとのグループで感想を言い合い，「作者が言いたかったこと書きたかったことに耳を傾け，寄り添いながら話し合うようにさせた」。

　5年生のルミさんは，津波で家を流された。その後，原発が水素爆発し福島に避難した。そうした経緯を書いて，「でも，お家が流されたことも，大事な物がなくなっていても私はもう気にしていません。それはもう終わったことだから」と締めくくっている。ルミさんの作文を読んだ白木は，「無理やり前を向こうとしているのではないだろうか。そんなにがんばろうとしないでもいいのではないか」と思い，まずは同僚の教師たちにもそれについて尋ねて話しあった。同僚の教師のひとりはルミさんと同じ地区に住んでいた。祖父と家を津波で失った。その教師は「何者かに奪われたのなら悲しさや悔しさが込みあげてくる。でもきれいさっぱり何もかもなくなってしまった。自分の祖父やルミさんの家ばかりでない。地域ごと，物陰すらすっかりなくなってしまった

のだからそんな感情はわかないのだろう。もう，前を向くしかないのだろう」と話した。しかし白木は「けれど，そんなに前を向かなくてもいい，つらさや弱さを分かち合えればいい。それがきっと力になる」と思い，子どもたちに向き合う。ルミさんの作文を読みあった時，子どもたちからも「前向きでいい」という感想が続く。しかしボイスレコーダーの録音が「自分だったら悲しいと思いました」，「悲しいことは悲しいです」という声を拾っていた。

　当時，学校には全国から「がんばれ東北」などのメッセージが届いていた。そうした支援などによって子どもたちも励まされていたことはたしかだった。しかし同時に「がんばる」と言っている子どもが給食代わりに配られていたおにぎり2個を食べきれないでいることを白木は気にかけていた。「がんばろう」という呼びかけに白木自身が違和感を覚えていた。震災から4か月足らずの当時，日本中が震災・原発事故のあまりの甚大な被害をわがこととして受け止め，何かをしたいという高揚期にあった。そこで投げかけられる「がんばろう」のかけ声に，子どもたちのことばにならない痛みがかき消されていくことを白木は警戒した。悲しみを悲しみとして表現できるよう子どもたちを受け止めたいと考えていた。

　理科専科で学級担任を持っていなかった白木は，6年生の学級でも震災から今までを振り返る授業を行った。かおりさんが9月末に「あの日からのおくりもの」という長い作文を書いてきた。3月11日の地震の時の様子，津波で流された祖父母の家から祖父が無事に見つかるまでの不安，そして原発事故による不安の中，

第1章 東日本大震災と子ども・学校,そして教室

仕事から離れられない父をおいて避難の決行,避難所生活,15日間の転校先での学校生活と友だちとの別れなど,かおりさんは時間を追いながら半年前を振り返ってくわしく綴っていた。

白木は場面ごとに区切りながら,子どもたちと丁寧に読み取った。その話し合いの中で,家族を亡くしたこと,親と離れて避難したこと,どこに転校したかなど,それぞれの当時の状況とその時の気持ちを,子どもたちは口々に語った。それまで胸につかえていて言えなかったことを,子どもたちはこの時初めて話すことができた。

白木は授業の最後に,かおりさんが「あの日からのおくりもの」と書いていることをどう思うかと問いかけ,子どもたちはそれについて意見を交わした。

「今にして思えばおくりものだと思う。友だちのこと,家族のことを大切にしたい。弟たちのめんどうもみていきたい」と,「おくりもの」という捉え方に共感する意見が出され,同様の意見が続く。しかし違った意見も出される。

「おくりものをもらったというより,ぼくは交換したんだと思う。大切な友だちや地域のつながりを失ったけれど,あの時人と人とのつながりが生まれた。全国の人たちから支援による絆とかが芽生えた。だから,交換だと思う」。

「私は命の大切さをもらいました。大震災でつらいことも悲しいこともありました。ある意味では感謝していますが,でもすべてをおくりものと考えるのは気の毒です。自分の気持ちの中にはまだ迷いがあり,半分半分の気持ちです」。

「最初は,大震災は自然から受けた災害なのでしかたがないと

思っていた。でも原発は自然災害じゃないので怒りしかない。くやしくてたまらない。原発で友だちとも離れなくてはならなくなった。みんなが経験したことを明日に生かしていかなければならない」。

　このような子どもたちの多様な意見や感情を率直に表現し合い，大切にし合うこと。そうしたつながりの中で子どもたちが考え始めるという教育の基本を，被災地で子どもと向き合う教師たちが改めて教えてくれる。

　渡辺恵津子も坂田和子も白木次男も，子どもたちのことばや行動をそのまま受け取るのではなく，そこにどんな屈折や表現できない気持ちがあるかを見ようとする。子どもにそうさせる生活現実を捉えた上で，子どもを理解しようとしている。子ども自身を変えようとするのではなく，教師も含め子どもを取り巻く環境を変えようとする。これらの実践は，そうした意味でSSWを含んでいると言ってもよいだろう。

(7)「福島」を考え続けることは，教育を問い直し続けること

　白木の本をテキストにして行った大学の演習での話し合いを振り返って，福島出身の学生はこう書いた。

　「本を読み合う中で，一番に私が感じたことは，授業を受講している人の震災に対する感じ方や考え方の違いです。……自分の思いに引き寄せるためには，他の人に自分の思いを，自分の言葉で伝えなければなりませんでした。私はまず，自分の経験したことを班の中で話すことを試みてみました。福島県出身

であるにもかかわらず現在関東にいることにもどかしさを感じていることや，福島出身というと『震災は大丈夫なの？』と決まり文句のように言われることへの不思議な感覚について，自分の言葉で話しました。同じ班の中に福島出身の受講者がいたため，わかり合うことができ，普段友だちとは話せないことを話せるようになりました。これは，言葉で表現することが苦手な私にとっては大きな進歩でした」。

この学生が書いているように関東の大学に通う大学生の間でも，震災についての感じ方はさまざまである。しかし白木の実践記録から読み取れる子どもたちの率直な話し合いや文章表現は，学生たちの話し合いにおける率直さを引き出した。被災地の子どもたちが被災についての話題を避けるように，被災地出身者が同情も含め相手の反応に傷つけられることが怖くて語れないことがある。逆に被災地外の人が，自分の無知が相手を傷つけるのではないかと恐れることもある。そして「3.11」は話題にも上らなくなり，忘れ去られていくのではないか。

話しにくいことが話し合えた時の安心感を得ること，大事なことについては言わないという関係を脱すること。教育がそれをつくることが，「3.11」を忘れないことにつながるのではないか。ところが被災地でも，学力向上や道徳教育による規範意識の醸成が復興のための優先課題であるかのように叫ばれている。果たしてそうか。

行政が優先すべきは学ぶ場の保障など条件整備である。いまだに他校に間借りだったり，仮設校舎で特別教室もなかったり，通

学が不便だったり，狭い仮設住宅で落ち着いて宿題をするスペースもなかったり，子どもたちのそうした学校や家庭での生活の中でテストの成績で結果を出すことを追求してどうなるのか。震災の経験の中で子どもたちが感じたことや考えたことをないがしろにして追求される「学力」を，根本から疑ってみることを大震災は学校と社会に問いかけている。

　学力向上や規範意識の強調は，震災と津波で壊され，原発で汚された地域に暮らす子どもたちにさえも，震災の記憶と失ったものへの悲しみや怒りを忘れさせてしまう。ましてや被災地から離れた地域での学力向上と規範意識の強調は，自己責任と強きものへの従属でしか困難を乗り切れないという意識を強め，結果的には被災地への暴力とも言える自助努力の大合唱につながるだろう。

　次の大震災・大津波は明日なのか100年後なのか，いつどこで起こるのかわからない。少しでも被害を少なくするための防災教育が全国で行われようとしている。それらは明日への備えである。しかし「福島」は明日への備えの問題としてではなく，あの日から今日もこれからも続いていく人間が起こした災禍にずっと置かれたままである。しかしその災禍に一丸となって取り組める状況にはない。余震のたびに危険な状態が続いている原発に不安に思う人と考えないようにしている人が隣り合っている。放射能汚染で町や村を追われた人，自主的に避難した人，避難しない人，避難したくともできない人，補償金が支払われる人，補償金の額が少ない人，まったく支払われない人など，ことごとく地域も人びとも分断されている。

　低線量放射線被ばくが人体にどのような影響を与えるのか，科

学者によって見解が分かれ，人々の受け止め方にも違いが生じている。「福島」の苦悩は，○×で採点し，点数化して比べる「学力」のむなしさをつきつけた。答えの見えない問題に日々直面している子どもたちに，いったい何を教えようとするのか，これまで成り立ってきた「教育」が土台から崩れている。震災後，原発事故後の不登校の子どもは，学校では語り合えないこと，学校では教えてくれないこと，自分でもどうしていいかわからない「もやもや」を抱えているかもしれない。

「福島を忘れない」と言うとしたら，「福島」をとおして何を考えるか，そこから逃げないおとなであり続け，答えの見えない問題に子どもときちんと向き合うことではないか。そしてそれは学校教育だけでなく，NPOも含めた生涯にわたる社会教育でも，SSWでも問われていることだ。

〈引用・参考文献〉
白木次男『それでも私たちは教師だ——子どもたちと共に希望を紡ぐ』本の泉社，2012年。
原田真知子（坂田のペンネーム）「悪ガキたちとともに」『暴力をこえる』大月書店，2001年。
原田真知子（同上）「暴れて泣いていじけてスネて——大騒ぎの男の子たちと」『教育』，2001年12月号。
坂田和子「ジェンダーの視点から，子どもの抱える「家族問題」を考察する」『生活指導研究』20号，2003年。
渡辺恵津子「育ちの困難を抱えた子どもとつくる学びの教室」（全国教育研究交流集会発表資料），2011年12月4日。

　　　（第1節　加賀八重子，第2節　鈴木久之，第3節　三浦光子，
　　　第4節　片岡洋子）

第2章
地域の再生と家庭支援をつなぐ

1　虐待ケースから始まる地域支援の「輪」

(1) 実感できる「連携」を目指して
　1)「家庭不可侵」とSSWrへの役割期待
　①家庭に入れないという言葉の裏側
　「学校は，家庭に入れない」。東日本大震災後，学校現場を歩くスクールソーシャルワーカー（以下，SSWr）として，これまで幾度となく聞いた言葉である。被災後に学校が地域の核となり果たした役割はとても大きく，むしろ，学校こそが積極的に家庭にかかわることのできる機関なのではないかと考えていた筆者にとっては，正直違和感があった。だがこの「家庭不可侵」という言葉の裏には，「個別の家庭に十分にかかわることはできない」，「学校だけでは支援できない」というあきらめがあるようにも思えた。単純に「家庭のしつけや教育方針に口出しはできない」ということだけではなく，背景を知れば知るほど求められる支援は増し，範囲が広がったことを物語っているのではないか，と。
　震災と原発事故後2年近く経て，日常生活は落ち着いているように見える。しかし，住所地と居住地の問題（住所を残したままで

の避難・自主避難）や住環境（仮設・借り上げ・除染），保護者の就労・経済状況（金銭的な問題だけではなく，プライドを持って行っていた仕事を変更せざるを得ない，単発的な仕事をせざるを得ないなど。原発補償の件で，かえって働く意欲がそがれてしまった例もあった），家族の形態（家族がバラバラ，養育者の変更など）等の問題や，他にも生活習慣や文化，気候の変化への不適応などが，今なお続いている。生活環境の変化はまだまだ流動的であり，先が見えない状況の中で，さまざまな問題が複合的に絡み合ったままだ。

「家庭の背景を理解して」，「子どもの心に寄り添って」と口で言うのは簡単だ。震災後，その重要性を理解していない現場などないのではないかとさえ思う。ただ，具体的にどうしたらいいのかがわからないのである。「今，自分がしている支援が，本当にそれでいいのか，それを確認したい」という声もまた多い。その姿勢が「家庭には入れない」というあきらめに変わってしまうことを，少しでも防いでいく役割が，SSWrにはあるのではないか，との思いは日に日に大きくなった。

②SSWrに寄せられた平時からの課題

「子ども・家庭の何を（だれを），どこまで，どのように支援するのか」という判断のむずかしさは，以前からあったに違いない。しかし震災後は，前項に挙げたように，考慮しなければならない事柄が増えた。それらにあらためてつきあたった先生方からの，SSWrへの期待はことのほか大きく切実だった。緊急時・非常時には平時の問題・課題が拡大する，というのは，この間多くの支援者たちから発せられた実感であり，SSWrへの相談事案も例外ではなかった。しかし，のちに協働する関係者から知らされわか

ったことだが、児童虐待に限って言えば、震災直後にはほとんど表面化しなかったのだという。それは震災後、一時的に緊密になった地域の力によるところが大きかったのかもしれない。ただ、筆者がSSWrとして派遣されたのは、震災後4か月経ったのちであったため、児童虐待がからんだケース、特にネグレクトやそれによる不登校および不登校傾向の子どもについての相談が、比較的多く寄せられ始めた。

2）ひとつのネグレクトケースをめぐって

①家庭訪問であきらかになった支援者側の意識のズレ

ある日、担当するA町において定期巡回する小学校から、支援要請が入った。小学生と中学生の子どもたちのいるひとり親家庭だが、保護者である母親はダブルワーク（長時間労働）によりほとんど家におらず、学校からの連絡がつかないことが多い。小学生は、学校を休むことはないが、ほぼ毎日遅刻をしてくる。朝食はほとんど食べていない様子で、弁当が必要な際には、担任のものを融通し食べさせたりもしている。何日も同じ服を着ており、持ち物も揃わない。猫を飼っているため、臭いもする。中学生は不登校になっているようだが、詳細はわからないという。やっと連絡がついた母親へ改善を促すと、その後数日は新しい服を着て登校してくるため、学校としてもそれ以上のお願いができない。そのような状態が1年以上続き、最近悪化してきているとのことであった。

学校からは、家庭の様子が見えないので、ぜひ家庭訪問をしてほしいとの話があった。状況把握と情報収集の必要もあることから、SSWrと主任児童委員らが夜遅い時間を狙って数回家庭訪問

を実施した。母親に接触し,何度か話をすることができたが,母親は雑談には応じるものの「家の中では元気で普通ですから」,「どうせよくわからない人（SSWr）とは話しませんよ」と,子どもたちに会わせようとはしなかった。家庭訪問の結果を伝えに学校へ出向くと,「やはりだれが行ってもむずかしいですか。いそがしいところ無理なお願いをして申し訳ない。学校で様子を見ているしかないですね」とその場で報告を聞いた先生方はがっかりした様子を見せた。

　この時点におけるSSWrと主任児童委員の見解は,「今後も母親の態度に一喜一憂せず,家庭訪問を続けることはできる。足しげく通っているうちに,より家庭の状況が把握できる場合もあるし,母親がある程度は応じてくれていることから,信頼関係形成の可能性もあり得る」というものである。しかし学校としては,このような状態になってからすでに1年以上が経過しており,「SSWrという専門職が何とかしてくれるかもしれない」ことを期待していたにもかかわらず,即効的な結果が得られないことに焦りとあきらめを感じてしまったのである。

　②不用意に介入することのリスクを自覚しているかどうか

　ネグレクトは,気づいていても有効な手立てがないまま推移してしまうことがある。そしてそれが保護者への不信感や無力感,言いようのない焦燥感を生む。だが,その感情はいったん傍らに置かないと,このケースへの支援は立ち行かなくなってしまうのもまた事実である。

　一方,当該家庭にとっての「よくわからない人」が,家庭訪問を実施する上でのメリットとデメリットを,訪問前にもう少し吟

味する必要があったのではないかとの思いもあった。ケースをどのように見立てていくか。そしてどのような課題があるのか。そもそもこの家庭訪問が良かったのかどうか。考え得る課題に対して、今できること、しなくてはいけないことは何か。虐待であれば、緊急性の判断も必要になる。ネグレクトの場合、緊急性を必要としないと考えられていることが多いが、それでもこの視点を外すわけにはいかない。何より、子どものニーズを拾い上げていないことが気がかりだった。

　介入する際のリスクを自覚しつつ、手持ちの情報をチェックし、具体的な行動へと変換していくために、学校側だけではなくかかわる人すべてが、自らの行動を評価（指摘）し合っていく必要が生じていた。校内ケース会議の開催を提案したところ、学校側は快諾してくれた。

　3）「無力感」を具体的な行動連携へと変換するために
　①校内連携のためにSSWr（筆者）が心がけていること
　「何を（だれを）、どこまで、どのように支援するのか」という問いは、実はヒューマンサービス、つまり対人援助職の現場では、常に存在する。そしてそれは援助者と対象者（利用者）双方に、ダイレクトに影響する。だからこそ、関係するメンバー間、機関の内外それぞれができること・できないこと（虐待の場合は「しなくてはいけないこと」も含まれることがある）を出し合い、おのおのの役割について理解・協働することが重要なのである。だが、調整（コーディネーション）や促進（ファシリテート）、力づけ（エンパワメント）が前提にないと実際には機能しない。

　本ケースにおいては、学校なりに対処してきたことがすでにあ

った。それらをもう一度話し合いのテーブルに出し，検討・評価することに意義がある，ということを丁寧に説明する。ここを端折ると，学校は外部に一方的に責められている感覚を持つことがあるためだ。うまくいったことはあったか，学校が負担に感じていることはどんなことか。SSWr側が家庭訪問で得た情報とのすり合わせも行いながら，アセスメントしていくことになる。

　ケースのこれまでの流れと今後の見通しとについて，「具体的に，一緒に」検討していき，学校側の事情を考慮しつつ支援のタイミングを見きわめ促していくこと，SSWrにはその両方を進める力が必要となる。校内に調整役の教職員（たとえば教頭や生徒指導主事，養護教諭など）がいれば，SSWrはファシリテートとエンパワメント，校外連携（校外においてのコーディネーション）に重点を置くことができる。またエンパワメントは，「抱え込み」や「無力感」を具体的なアクションへと変える方策である。そのためどんな小さなことであっても，効果があったことについて励まし，フィードバックやフォローすることを忘れないようにした。さらに，アセスメントで得られた根拠にもとづき，関係者それぞれがその支援を行う理由がわかれば，モチベーションを維持することにつながる。

　校内のケース会議で以上の点に留意すると，少しずつでも先が見えてくる。「どうせやっても無駄」から，「このような理由・根拠により，こうすれば，こうなる」，「こういう時には，こうしよう」という道筋が出てくるのである。

　②時間的なデメリット克服のための方策，そして校外連携へ

　時間をいかに捻出し，限られた時間の中で課題を明確化するか，

また，状況に向き合える環境を意識的につくるのかも，重要な点である。筆者は「アセスメントシート」等のツールの活用に加え，協働する先生方への負担感を減らすために，「課題共有シート」を試作し活用している（表2-1）。これはSSWrとの協働の前段階において，話し合いたいことを校内で集約したり，SSWrが調査してきた内容を整理し，提示するのに役立てるものである。それをもとに，さらに校内ケース会議を開催するのか，あるいは関係機関とのケース会議を実施するのか，もしくはそのほかの方策を検討するのか，絞り込むことができる。

筆者は先生方とともに適宜これらのツールを用いながら，対応について検討を加えていった。本児のきょうだいについても，中学校での対応状況や本人のニーズを把握する必要があった。SSWrは，町の福祉課や関係機関との連携および要保護児童対策地域協議会を活用していくことを念頭に，校外連携ケース会議までにすべきことを具体化するなど，時間的な見通しと予定を決定した。

（2）地域に根差したネットワークを形成するために

1）地域の人びとがつながるには

①要保護児童対策地域協議会をかなめとして

要保護児童対策地域協議会（以下，要対協）とは，子どもに関係する機関等が連携することによって，児童虐待などの問題に対応する公的な組織である。子どもを守る地域ネットワークとも呼ばれ，児童福祉法により，地方公共団体はその設置に努めることとされている。2011（平成23）年7月1日現在，全国1,619市町村

表2-1　課題共有シート

						記入者：	
会議開催日時		平成　年　月　日（　）				：　　～	
児童	ふりがな 氏　名		男・女	生年 月日	昭和・平成 　　年　月　日生（　）歳		
	保護者名						
	住　所					TEL	

	【ジェノグラム（家系図）・家族構成】	【家庭状況】
家族について		

		【関係機関】
検討・共通理解したいこと		
今後の予定		

　に置かれ，設置率99.5％（要保護児童対策地域協議会に準ずる機関も含む）となっている（ただし，この時の調査では，東日本大震災後ということもあり，岩手県，宮城県および福島県の3県は除かれている）。

　要対協は，①それぞれの機関の代表者が会する「代表者会議」，

②実際に活動する実務者から構成される「実務者会議」，③個別事案について具体的な支援を検討する場である「個別ケース検討会議」の3層で構成されることが推奨されているが，地域によりその運営実施状況は異なっている。また，一方では要対協以外にも，家庭教育や生徒指導に関する連絡協議会など，学校・教育委員会あるいは警察が調整役となっているものや，子育て支援や障害児関係，地域福祉関係の組織等，さまざまなネットワークがある。目的の違いこそあれ，地域の規模によっては構成メンバーが重複する場合も少なくない。こうした中，要対協の形骸化や，運営の効率化などが課題となっているのも事実である。

筆者は，これまでいくつかの自治体で，要対協にかかわってきた。子ども家庭福祉の現場で，相談員として虐待対応を行っていたこともあり，要対協自体を地域における大きな資源（リソース）と認識し，活用を図っていくことが重要であると捉えている。実際，要対協で必要な情報を共有・蓄積した結果，具体的な子ども家庭支援につながっていくことを何度も体験してきた。それだけでなく，支援者同士が顔をあわせることで，普段からのつながりをもつくられる重要な場となるのを見てきた。震災により，地域のさまざまな機能が喪失あるいは減退，停滞してしまった現実を目の当たりにする中で，思い出したのはそのことだった。あらためて，要対協がつながりのよりどころとなるのではないかと考えたのである。

②要対協の活性化に焦点を絞る

そこで，SSWrとしてかかわる自治体において，学校への支援活動と並行し要対協の活性化に焦点を絞ることにした。具体的に

は，当該地区（A町）の要対協を運営する担当職員との意見交換からスタートし，実際に町が継続指導を行っていたケースへの助言や同行訪問など，できるところからの協働というスタイルをとった。あわせて，保健師とも積極的なコミュニケーションに努めた。A町福祉部局内では，学校や教育委員会との連携を模索していたこともあり，要対協をかなめとした体制づくりを構築する機運が少しずつ高まっていった。

福祉部局との協働が進む中，前述のケースについて，要対協の枠組みでの個別ケース検討会議を提案し，実施にこぎつけることができた。初回の会議では，関係する小中学校と児童福祉の担当者，主任児童委員，SSWrと教育委員会の指導主事が情報を共有し，それぞれの対応方針を話し合い，具体案を検討していった。「こういう事実・理由なら児相等の介入が必要となる」ラインについて共通理解を図ったことで，その後それぞれのメンバーのすべきことや，相互の連絡体制がより明確になった。支援の輪が地域に波及していき，支援者自身が具体的にそれを実感できたことも，会議の成果だったかもしれない。子どもや家庭を支えるために，関係者同士も支え合う，そんな会議となった。

2）連携から連環へ

①「すぐに話し合える」ことの安心感

このネグレクトケースについては，要対協でケース管理を行いながら，小中学校を中心に見守り（モニタリング）を続けていた。母親とは依然として，あまり連絡はとれなかったが，その間にもそれぞれの学校で，子どもたちの思いを表出しやすいような環境づくりや，子どもたちとの信頼関係づくりを試みていた。SSWr

はあえてフロントには立たず，先生方を励ましたり，福祉部局担当者や保健師への助言等を行っていた。主任児童委員の方々とは定期的に会い，地域での見守りについて話し合った。母親の長時間労働は，震災の影響が少なからずあったこともわかった。

その後，本家族が，とある出来事がきっかけで住まいを変えなければいけないことになり，母親と学校とで，頻繁に連絡を取り合う必要が発生した。その際も，それぞれの学校だけで対応するのではなく，関係する機関が即座に集まり，情報の共有と対応について話し合いを重ねた。何かあれば「すぐに話し合う・相談する」ことで，学校以外の機関が介入できるポイント（必然性やタイミング）も生まれ，母親だけでなく，母親を支援できるような親族とも接触が可能となった。結果，小学生については親族の協力により，生活状況が改善しつつある。子ども自身に笑顔と意欲が生まれてきたという学校の報告があった。一方，中学生については，思春期ということもあり関係者は慎重に対応している。母親の力を引き出す支援を根気強く続けているところだ。

②少しずつ広げていく支援の輪

取り上げたケースだけでなく，いくつかの案件が発生していたA町では，実務対応と並行して，要対協の組織強化のため設置要綱を一部変更し，関係する機関の拡充（メンバーの増員）を図ることになった。また，連携のイメージ図を作成し（図2-1），代表者・実務者会議において，メンバーへの周知を行い，児相職員やSSWrが，児童虐待への対応や，ネットワーク構築の重要性についての講話を実施した。要対協事務局では，今後も随時研修会を計画していくという。会議に参加していた保育士や幼稚園教諭か

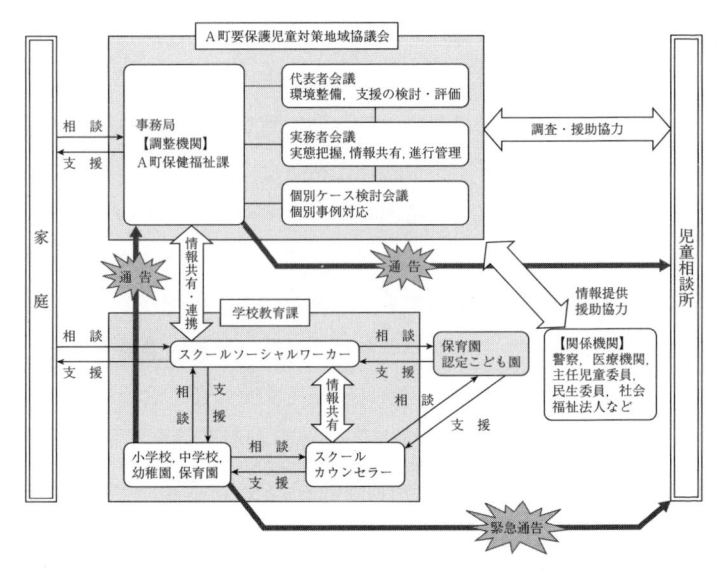

図2-1　A町における要対協をかなめとした児童支援体制（イメージ図）
出所：A町保健福祉課作成資料。

らは，「虐待のケースは正直対応がむずかしく，どうしたらいいか迷うことも多かったが，話し合いのできる組織があることがわかり安心した」，「具体的な動き方がわかってよかった」という話があった。

　もちろん，これらの動きはまだ始まったばかりではある。しかし，要対協を核に，地域の関係者が目に見える形で動き出したことは確実であった。ここから，少しずつでも支援の輪が広がり，地域の子どもたちにかかわる協力者が増えていくのではないか。その芽吹きを，今強く感じているところである。

第2章 地域の再生と家庭支援をつなぐ

3) 地域の再生に不可欠な視点

①既存のシステムを活用する

以上, これまでのSSWrとしての実践, 特に虐待ケースにおける校内連携と要対協についてのプロセスをたどってきた。福島県は冒頭でふれたとおり, 被害の大きい地域とそれ以外の地区との格差がますます顕著であり, しかも長期化が避けられない状況にある。ソーシャルワークで言うところのいわゆるメゾレベルの崩壊と再生が, 現在も続いているのである。社会資源の少なさは補いようもなく, 生活に与える影響ははかりしれない。さらにSSWrに与えられた業務時間は圧倒的に少ないため, スクールソーシャルワークの視点でもある「横断的・包括的」な支援が効果的に行えないというジレンマが生じているのも事実だ。

だが筆者は, 校内の体制や要対協といった,「既存のシステム」を活性化し, 丁寧に実行していくだけでも, 子どもたちの生活を下支えする効果があるのではないかとの手ごたえを感じている。地域の支援者同士をつなげ, 共通理解や合意形成を積み上げていくといった小さな試みから, 再生の道が見えてくるものと考えている。

②可能性と主体性を取り戻す

虐待ケースでは, 当事者である子どもの周囲(地域)の人びとが, 毎日の生活の中で何か変化があった時に「気づく」ことが重要である。つまり「地域での, 日常的なつながり」が大きな強み, 支えであり,「命綱」だとも言える。そして, そのつながりは, 生活という連続性の中でこそ育まれる。

残念ながら, 現時点でのSSWrの業務が連続性のある生活空

間で行われているかというと、前述のとおり、そうとは言えない。限られた時間の中で、いかに「即時性のある、具体的な支援」に結びつけられるかを問われる局面が多く、ピンポイントなかかわりになることもしばしばである。

だが今、SSWrの立場でできることは、学校・家庭・地域の持つポテンシャルと主体性をもう一度見出し、地域に生きる人びとが自身の力で、日常的なつながりを取り戻せるよう、かかわり続けることなのだろう。それには、子どものニーズ、保護者のニーズを捉えていく必要がある。かろうじてメゾレベルが機能している地域の中で、支え合う人びとや仕組みを幾重にもつくりだすことができたなら、深く傷ついたままの他地域にとってもモデル、あるいはリソースとなるに違いない。

〈参考文献〉
厚生労働省アフターサービス推進室活動報告書「子どもを守る地域ネットワーク（要保護児童対策地域協議会）の強化の推進に向けた調査・提案」、2012年11月。
厚生労働省「要保護児童対策地域協議会の実践事例集」、2012年12月。
鈴木庸裕「災害復興と学校福祉の展開(1)」『福島大学総合教育研究センター紀要』11号、2011年10月。
鈴木庸裕「災害復興と学校福祉の展開(2)」『福島大学総合教育研究センター紀要』12号、2012年1月。
鈴木庸裕編著『ふくしまの子どもたちとともに歩むスクールソーシャルワーカー——学校・家庭・地域をつなぐ』ミネルヴァ書房、2012年。
玉井邦夫『学校現場で役立つ子ども虐待対応の手引き——子どもと親への対応から専門機関との連携まで』明石書店、2007年。
土屋佳子・鈴木庸裕「スクールソーシャルワーカー緊急派遣事業における実践と課題」『福島大学総合教育研究センター紀要』14号、2013年1月。
文部科学省「学校等における児童虐待防止に向けた取組について」（報告書）、2007年。

第2章　地域の再生と家庭支援をつなぐ

2 地域包括ケアから考える子どもの「最善の利益」を保障する地域づくり

(1) 震災からの気づき

　私は地域包括支援センターで働く社会福祉士である。

　地域包括支援センターは2006（平成18）年の介護保険制度改正によって「地域住民の保健医療の向上，及び福祉の増進を包括的に支援することを目的として，包括的支援事業等を地域において一体的に実施する役割を担う中核的機関として[(1)]」創設された。事業の成否は担当地域の課題発見ネットワーク，課題解決ネットワークといった支援基盤の構築にかかっており，日常業務は地域の人びとの声を聴き地域の人びとの力を得ることで進められる。

　2011（平成23）年3月11日以降，さまざまな機会をとおし，地域の人びとと「あの時」を振り返り，ともに「これから」を考えてきた。住民も行政も医療，介護，福祉の専門職も「集まる，話す，聴く」という活動によって，あの日あの時どこで何をしていたか，ライフラインがストップした中でどう過ごしたか，緊急避難をどう考えていたか，放射能対策をどうしたかなど繰り返し話し，聴き合ってきた。そうすることで震災前には決して戻ることのできない「今の暮らし」を前へ進めるための力を得るとともに，「ここで暮らし続ける」ための課題を整理してきた。それは震災以前から存在していたが見過ごされてきた支援課題であり，災害をきっかけとして新たに浮かび上がった生活課題であり，支援者に対して地域で暮らす人びとから発せられる課題である。多岐に

わたるこれらの課題には今までのやり方が通用しないことが多く，だからといってどこかに新たな方法が示されているわけではない。私たちの地域の課題は私たちの地域の中でそこに寄って暮らす人びとの力を得ることでしか解決し得ないということを今回の震災をとおして学んだ。

今年開催の担当圏域地域包括ケア会議で参加者同士が「だれもが楽しく自分らしく暮らせる地域はここに住む私たちだからつくることができる。私たちにはそういう地域をつくって子どもや孫，次の世代に渡していく責任がある」と確認し合う場面があった。私たちのまちでは震災後数か月間，地域から子どもの姿が「消えた」時期がある。一時的に他圏域に移動したり，圏域内に残った子どもたちも徒歩による登下校や，外での遊びを控えたりしたためである。子どもの姿が見えない，子どもの声が聞こえない地域はとたんに色褪せた。散歩や畑仕事をやめる高齢者が増え，町内会の行事は中止され，地域はますます色を失っていった。色を失った地域がそこに暮らす人びとの力を少しずつ奪っていくという悪循環をもたらしたのであろうか，私たちの地域の介護保険給付費が大きく計画を上回った。

彩りのあるかけがえのない暮らしから遠ざけられてしまった子どもたちは何を思いその声はだれが聴くのであろうか。これまで，だれもが自分らしく暮らせる地域をつくるという地域包括支援センターの使命を果たすために，介護保険，医療，保健，高齢者福祉，自立支援，他生活支援に関する種々の制度等を横につなぐ実践を目指してきた。しかし震災をとおし，教育分野との接点を持たずにきたことに気づいた。地域の歴史を内包する高齢者が介護，

支援が必要となっても尊厳を持って暮らせる地域は、すべての子どもたちが尊重され大切に育まれる地域でもあるはずである。積極的にかかわってこなかった自戒をこめて、だれもが自分らしく暮らせる地域をつくる支援者としての役割を明らかにし、子どもの「最善の利益」を保障する地域づくりへの足掛かりを考えたい。

(2) 自分らしく暮らし続けるための支援とは

地域包括支援センター設置の根拠法である介護保険法の目的は、介護や支援が必要となっても「尊厳を保持」できる暮らしの保障であり、そのために介護保険サービスは「自立支援」の理念によって提供される。身体的、精神的障害があっても主体的に暮らせるよう「その人の自立を社会的に支援すること」がサービスの基本とされる。

1) 私たちの地域での「自立支援」

地域包括支援センターでは2012（平成24）年4月の改正で示された自立支援型サービスの強化と重点化による地域包括ケアシステムの実現に向けた取り組みを行っている。個人や環境をアセスメントする度に明らかになる、埋めることのできない数々の震災の爪痕と、それを抱えて暮らさざるを得ない方に効果的な解決策を提示することができないもどかしさを感じる。望まざる「避難」や「世帯別れ」によって支援が必要となった方をどう把握するのか、なじみの場所や人と離れ生きる意欲を失っている方をどう支援するのか、活動の場を失い、生活の範囲が同心円的に縮小している方にどう寄り添うのか等、支援への確信が持てないまま事後対応に追われることもある。月日を重ねるうち、大切な何か

を「取り残してしまっているのではないか」という不安を感じるようになった。月日は震災の爪痕を，望む暮らしを阻む単なる要因のひとつに変えつつあるのかもしれない。加齢や疾病，障害等によって，これまでのようには暮らせなくなってしまったという無力感を，自分らしく暮らすための意欲へ転換する支援は震災の前後で変わることはない。前へ進むためには決して消えることのない爪痕もひとつの記憶にかえて乗り越えていくことが必要なのかもしれない。しかし，地域の人びとが経験してきたこと，そこで支援者として感じたことを，このまま風化させてしまうことで今後，新たな暮らしにくさを生じさせてはいけないと思う。

　経験したことを風化させずに「自立支援」という人生に対する積極的な取り組みを引き出す支援を可能にするにはどうしたらよいか。すべての人がどこで暮らしたとしても震災後の自分自身をかけがえのない存在だと感じ，心身の状況や自分が決めたことに対して負い目を感じることなく自らの思いに沿って自分らしい暮らしが選べる支援を目指すことであろう。それは無条件に生活の安定が約束されることであり，サポートしてくれる人がいることであり，自分らしく暮らすことを心待ちにしてくれる地域をつくることにつながる。暮らしてきた人びとが長い年月培ってきたつながりを力として蓄えているのが地域であり，困った時に課題に向き合いながらもその地域の力を受け取ることで暮らし続けることができるのが住み慣れた地域である。突然なんの予告もなく住み慣れた自宅から引き離されるということは，単に衣食住に欠けるということではない。これまでの大切に暖めてきたかけがえのない時間と今後長く続くであったはずの穏やかな時間の両方を一

第2章　地域の再生と家庭支援をつなぐ

瞬にして失うということである。慣れ親しんだ風景，お気に入りの場所，行きつけの店，安心できる時間，大切にしていた人びと，すべてを一瞬にしてなくすということである。地域と人びととの間の力の循環が絶たれると，地域と強い関係を持つ高齢者や子どもたちから順に生きる力を減らし，やがて地域自体が力を失う。

　地域と人びとの間の力の循環は，一人ひとりが暮らしの中でどのような役割を果たしているかにあわせ，さまざまな「場面」で行われる。家庭，学校，医療施設，介護施設等はそこで過ごす時間の長さだけではなく，命や暮らしの根幹にかかわるという点で重要な場面であるし，またその機能は地域から切り離された瞬間に本来の意義を失うという面を持っている。医療施設や介護施設はこれまでその専門性の深化や誤った効率に目を奪われ，地域との力の循環に目を向けてこなかった反省があり，地域に根差し，地域に開かれた施設として，地域で展開する医療や介護への転換が図られている。教育機関はどのような状況にあるのだろうか。地域との力の循環を滞りなく行えているのだろうか。家族以外による介護が行政による措置から，契約という自己選択にもとづいた介護サービスの利用に180度転換したが，家庭機能の変化にあわせた，地域による子育てはどのように進んでいるのだろうか。教育分野についてはまだまだわからないことが多い。当センターとしても医療施設や介護施設にはアポイントなしで入れるが，本人を取り巻く家族，地域という共通の対象を持っているにもかかわらず，学校とはまだその関係性を築いていないことに気づいた。

2）「自立支援」のための支援者の責務

　介護保険の「自立支援」の規定には「可能な限り，その居宅に

おいて、その有する能力に応じ自立した日常生活を営むことができるよう配慮されなければならない」とある[(4)]。さまざまな理由で「住み慣れた地域」を離れざるを得ない時、「可能な限り、その居宅において」を越えた「だれでもどんな状況でも何度でも自分らしく暮らせる」支援が大切だと考える。新たになじみの場所やなじみの人をつくりながら自分らしく暮らせるかどうかは「その有する能力に応じ」可能であったりなかったりと、個人の能力によって成否が分かれるのではない。支援を必要とする者を中心に地域や人びととの間の力の循環が滞ることのないよう、むしろ積極的に力の循環が行われるよう支援する者がいるかどうかでその成否が分かれる。要介護、要支援者であれば地域包括支援センターや介護保険事業所がその支援機関となるし、子どもであれば学校がその役割を担うのであろう。生きることの根源に関わる介護と、個々の命を育む教育は、課題を抱える対象者を中心として滞りがちな地域の力の循環を強力に推進するという共通の役目を負っているのではないだろうか。教育と福祉の両支援者には自分らしく暮らせるかどうかを決して自己責任で終わらせない地域をつくる責任があると考える。

　福祉の分野では震災前より人知れず生きにくさを抱えたままだれにも相談できない人がいるという課題があった。さらに震災後、想像できない事態に直面しショック状況に陥ったり、命が助かったのだからこのくらいのことは我慢しなくてはと思ってしまったり、未来へ対する漠然とした不安を感じたりしながらSOSを出せずに事態を悪化させてしまうといった課題が増えたように感じる。なぜSOSが発信できないのか。問題を抱えてしまった自分

を冷静に受け止め，対応策を考え，適切な相談窓口への一歩を踏み出すことのできる人は少ない。漠然とした不安や躓きに戸惑い相談するという解決策にたどりつけない人がいるからこそ専門職の適切な支援とそこへつなぐ地域の力が必要となる。

　SOSを届けたくても，困っている人の存在に気づいた地域の人がつなぐ場所を知らないという事実もある。一方で介護保険をはじめ，制度の情報は支援者側が多く持っているが，必要とする人にその情報を100％届けられないという事実がある。専門分化された縦割りの制度や複雑な利用手続きにより情報共有が進まないこともある。また支援を急ぐあまり，本人の周囲を専門職で固め，地域とのつながりを絶ってしまったり本人や家族，地域の人びとと十分に支援過程を共有できなかったりしたのではないか。本人と地域の力の循環を絶つことなくサービスを利用する当事者として地域の中でその思いを発することを支援することで，「だれかの世話になる負い目」ではなく「社会の中の一員としての自信」を持ち続け自分の人生の主人公として暮らすことが可能となるはずである。

（3）だれもが自分らしく暮らすことを保障する地域包括ケアの仕組み

　2012（平成24）年4月の介護保険制度改正で高齢者の尊厳の保持を目指す地域包括ケア実現のため，医療との連携強化，介護サービスの充実強化，予防の推進，多様な生活支援サービスの確保や権利擁護，高齢者住まいの整備の5つの視点による取り組みを包括的，継続的に行うことが目指された。地域包括支援セン

ター設置運営基準一部改正では地域包括支援センターの設置主体である市町村は「市町村の地域包括ケアシステムの構築方針」等の運営方針を定め，地域包括支援センターは地域ケア会議の開催等による多職種協働による地域包括支援ネットワークの構築を図るよう示された。⁽⁵⁾

1）地域包括ケア会議からの学び

担当圏域地域包括ケア会議では，地域の人びとや専門職，さまざまな機関が集まり課題発見ネットワークと課題解決ネットワークの両機能をもつネットワークをつくるための具体的活動を行っている。「安心して歳を重ねられる地域をつくるために自分たちができることは何か」を合言葉に，保健・医療・福祉のサービス一覧表やマップづくり，地域支援計画づくりをしてきた。活動を通して「困りごとは制度別に存在しない」，「何に困っているのか気づけないから SOS を発信できない」，「介護保険は万能ではない」，「家の力，ご近所の力，地域の力は繊細で大きい」，「必要な時以外の情報はすべて素通りする」，「情報は伝えようとする人の手と人の声がないと届かない」等のネットワーク構築のヒントを共有してきた。

今回の震災後いち早く集まりが開かれたのもこの会議である。定例会議の開催場所が壊れ「延期しようか」と戸惑う私たちを「場所はどこでもいいがら集まってやっぺ」と後押ししてくれたのは地域住民代表の民生児童委員さんたちであった。狭い畳敷きの部屋で余震を感じながら模造紙を広げ，KJ 法で地域住民，専門職，関係機関とともに課題を出し合い分類し対応を考えた。放射能汚染を心配して室内に洗濯物を干す家が多いとか，作物の種

類によって放射能の被害の大小があるようだ等が話される震災後の混乱が残る中で「わがまちのこれから」をともに考え、どのように取り組むのかを目に見える形にしていく過程から力を得たのは何より支援者であった。地域包括ケア会議から蔓が伸びていくように専門機関、関係機関へ働きかけが行われ、これまで連携の少なかった者同士が新たなつながりを持つ土台となった。

暮らしの中の課題は、地域から取り出してしまうことなく地域の中で地域の人びととともに解決を図ることが重要であり、それを行うためには解決するまで課題を抱え続けることのできる地域の力が必要だということ、そのためには地域側から課題を見ることのできる専門職による包括的、継続的支援が必要だということを学んだ。

2）地域包括ケアシステム

地域包括ケアシステムでは医療や介護サービス、生活支援サービス等を利用する基盤として住まいや住まい方が位置づけられている。住まいとは何かを考えた時、そこで暮らす人びとが「自分の人生の主人公」でいるために地域を構成する一員としての役割が得られる場所だと言える。自宅であっても施設であっても、地域の中で「おはよう」と挨拶する人、「元気？」と声をかけあう人とのつながりを日々重ねることで自分らしい暮らしが形づくられる。「開けないとみんなが駆けつけてきちゃうから」と朝一番に通りに面した障子戸を開けるひとり暮らしの高齢者は「いつもとちがう」という控えめなSOSに気づく地域をつくってきたからこそそうするのだ。地域との信頼関係がつくれなかったり途切れたりした時に本人と家族や地域とのつながりを紡ぎなおす支援

が目に見える形で存在しない時，地域の不安がひとつの事例としてひとりの生きにくさや暮らしにくさに現れる。

　暮らしにくさを解消する地域包括ケアシステムの推進の要は地域の人びとも含めた多職種連携だと考える。多様な専門職が存在する地域内ではつながりが薄い場所から支援の必要な人びとが漏れていくし，連携不足が効果的，予防的な支援を阻む要因となる。教育と福祉といった制度別に分かれることなく，曖昧な SOS を受け止められる支援を可能にするためにも地域と家庭との間の循環，子どもと高齢者など世代間の循環といった重層的で立体的で時間的な広がりを持つ力の循環が続くよう教育分野の支援者と手をつなぎたい。

　多様な暮らし方，多様な価値観を暖かく包み込みおのおのの交流が途絶えない地域を基盤として私たちはここで安心して暮らし続ける覚悟を持つことができるのである。人間の尊厳という普遍的価値の共有や価値観の多様性を認め合う学びを保障する教育分野と，生老病死にかかわる医療や福祉の分野はもっと直接的な連携を図っていく必要があるのではないか。

（4）子どもの「最善の利益」を保障できる地域づくり

　児童憲章で「児童は，人として尊ばれる。児童は，社会の一員として重んぜられる。児童は，よい環境の中で育てられる」とうたわれている。子どもの「最善の利益」を保障する地域はどのようにつくられるのか。子どもは地域に蓄えられた力を自らの成長の糧にするとともに，子どもの成長は地域の力として蓄えられるはずである。震災後子どもたちの姿が地域から消えた時期，その

地域を変えたのはそこに住む人びとの努力である。夏祭り，屋内芋煮会，世代交流花いっぱい運動など，あきらめることなく知恵を出し合いながら交流の場をつくり続けている。そのような地域の力を継続した仕組みとして地域のすみずみまで展開するためには多様な支援者のかかわりが必要となる。地域に点在する力をもれなく広げていくために，枠にとらわれない支援者間の多様な支援を可能とする強固な関係を築きたい。

　すべての人の安寧な暮らしがあってこそ，将来の安心が得られるという共通認識を力に，教育と福祉の両支援者が分野を越えた連携を図るためには，お互いの役割を知り，事例をもとに顔の見える関係をつくり，チームメンバーとなることが必要である。専門職チームの力を可視化できる場でこそ子どもも支援を必要とする人びとも社会の一員として地域とのつながりをつくる力を得て，それぞれの思いを「声」にすることができるのではないか。そしてその「声」が地域を変える力となるのではないだろうか。

　すべての子どもの成長に資することのできる地域は地域包括ケアの目指す地域でもある。平面図で表される地域包括ケアシステムの実践は，行政や専門機関の縦割りの分野に横軸を通し，そこに地域の人びととともに暮らす「これまで」「今」「これから」という時間をかけた3次元的広がりを持つ立体的なものである。専門職や関係機関の暮らす側からの連携をすすめ，地域の人びとと地域課題に取り組み，さらに地域に蓄えられた力を次の世代に送り続けることで，その人らしさを支援する地域，その人らしさを期待し続ける地域をつくりたい。5年後そして30年後どのような暮らしを願うのか，私たちの地域の多様な教育課題，福祉課題，

生活課題を解決する道のりは決して平坦ではない。これまでの慣例にとらわれることなく新たなモデルをつくりながら，多くの仲間とともにだれもが自分らしく暮らせる地域，子どもの最善の利益が保障される地域の実現へ向け，地域を基盤としたソーシャルワークを担う者としての使命を果たしたい。

〈注〉
(1) 介護保険法第115条の46第1項。包括的支援事業とは，①介護予防ケアマネジメント業務，②総合相談支援業務，③権利擁護業務，④包括的・継続的ケアマネジメント支援業務。
(2) 介護保険法第1条「これらの者が尊厳を保持し」，介護保険法第2条「……有する能力に応じ自立した日常生活を営むことができるよう……」。
(3) 介護支援専門員実務研修テキスト作成委員会編『実務研修テキスト』財団法人長寿社会開発センター　中央法規出版，2009年，6頁。
(4) 介護保険法第2条4項。
(5) 厚生労働省老健局計画課長，振興課長，老人保健課長発「地域包括支援センターの設置運営について」，平成24年3月30日一部改正。

3　地域で支える子どもにとってしあわせな家庭

(1) 子どもにとっての家庭

1) 家庭の機能

　子どものしあわせの形はさまざまだが，愛され，大切にされ，支えられていると子どもが感じられる家庭の存在が不可欠である。家庭とは「家庭を構成する成員相互が，情緒に基づく相互作用を行うことによって，生理的，社会的，文化的，保健の欲求を充足するシステム(1)」だと言われている。血縁や婚姻関係にかかわらず，里親や同居している親のパートナーなども構成員として含まれる。

震災による親族の死別,家族の離散,養育者の変更などは現代の多様性を顕著に表しており,子どものしあわせの実現を支援するためには,従来の家族像に縛られない必要があることを教えてくれる。

家庭は構成員のウェルビーイングの追求のために生殖,養育,経済,情緒,保護機能などの複数の機能を有しているが,中でも子どもの発達を保障する養育機能は家庭ならではの機能だと言える。この機能には,「①健康で文化的な生活のための基本的な欲求の充足,②個性,能力,意欲の増進,③社会性の涵養,④親役割モデルの提供,⑤情緒的交流の機会の提供など」がある。つまり,家庭の構成員はどうであれ,子どもがその有する能力を最大限発揮して心身ともに健やかに育つためには,これらの機能を家庭が果たさなければならないのである。

2) 家庭による養育機能の低下

しかしながら,家庭による養育機能の低下が指摘されて久しい。児童虐待に関する相談件数の継続的増加はひとつの結果だと言えよう。近代以前の日本では,子どものしつけや教育は生みの親とともにそれ以外の複数の大人によって担われていた。そこには,それぞれの地域の共同体で生きていくための一定のルールの伝達も含まれ,多様な大人との相互作用を通して子どもは社会化されていっていたのである。また,何らかの困難が生じた場合には,親族や近隣住民などのインフォーマルな支援が重層的に提供されていた。

近代日本においては,高度経済成長期に一般化した働く夫,専業主婦の妻,子どもで構成される核家族が典型的な家族像として

長い間捉えられてきた。この家庭では，非親族を排除しプライバシーを重んじ，家族構成員相互の情緒的関係を重視することを特徴としている。そして，子どもの養育は生みの親の責任だとする価値観が社会的に定着したのである。中でも，性役割分業の定着によって，主に母親に子育てにおけるすべての責任が要求されるようになった。

しかしながら，家庭のみで養育機能を果たすことを可能にしてきた安定した経済状況とそれを背景とした企業による男性稼ぎ主およびその夫を介した家族に対する保障が機能しづらくなった現状においては，程度の差はあれ，個々の家庭のみで養育を含むあらゆる機能を果たすことがむずかしくなっている。このような状況や社会的価値の多様化を背景に，離婚や未婚の増加もあって，さらなる世帯の縮小化が見られている。世帯の縮小化は家庭構成員の役割分担を困難にする。保護者がいくら養育機能を果たしたくても，時間的，体力的，経済的などの要因により果たせない現状がある。そして，同居以外の親族や近隣住民等との関係性の希薄化が，この孤立状況をさらにきびしいものにしていると考えられる。

（2）家庭支援のむずかしさと地域の力

子どものしあわせのためには，家庭の養育機能を高める必要があるのは明白だが，現代の家庭が機能できるように支援することはたやすいことではない。福祉の専門職だけがいくら専門性を高めても，すべての家庭を支援することは不可能である。また，すべての家庭を専門職が支援する必要もない。だれもが住みやすい

地域ができれば，家庭の力も連動して高められるのではないだろうか。震災は地域の力のすごさを再確認する機会でもあった。日頃から地域住民が顔見知りの地域では，スムーズに避難等が行われた。逆に，放射能による強制避難，そして自主避難によって，家庭が分断され，学校の在校生が激減し，自治会が運営できなくなり交流の激減した福島の地域では，個々の力が弱められ，同時に地域の力も弱められていった。介護保険給付費の増加がそのひとつの結果だと考えられる。このような傾向については，社会資本が災害後の復興に大きな役割を果たしていることが明らかにされている。この地域の力を家庭支援ではどのように活用できるのだろうか。家庭支援をむずかしくしていると考えられる3つの要因について，地域の力を考えてみたい。

1）家庭不可侵

スクールソーシャルワーカー（以下，SSWrと略す）が実際に感じているように，家庭に入ることをよしとしない教員文化とともに，家庭の問題が複雑かつ広範囲で，時間的や労力的にもかかわりようがないといった教職員のあきらめが見られている。これは福島に限ったことではなかろう。第一次産業の従事者数の減少によって，地域における共同活動の機会が減少し，それにともない連帯感を持って地域をより良くしようとする意識も減退してきた。同時に，貨幣経済による消費至上主義の価値観が定着した現代においては，家族ができないことはお金で補うといった対処が一般化してきた。また，個人情報の漏洩による被害等を受け，個人情報保護法に代表されるように，プライバシーを守ることが重視されるようになった。そして，治安の悪化等も影響して，物理的に

も密閉された家庭になっている。結果，家庭の問題は他者が立ち入るべきでないといった考えが定着し，ご近所トラブルなどの事件も影響して，何かに気づいても無関心を装った方が安全といった風潮が見られる。そして，自己責任観の浸透が家庭不可侵を正当化させている。

このような状況下，子どもが通う学校の教職員であったとしても，家庭に入り働きかけることは非常にむずかしいものだと言える。現実に，教員による定期的な家庭訪問であっても家に入れてくれない家庭や学校と家庭の連携に必要な個人情報を提供しない家庭もある。児童相談所の立入調査などの公権が増大してきた経緯からも，機能不全にある家庭にはつながることさえむずかしいことが明らかだと言える。

たとえば，地域に「おはよう，毎朝大変ねえ。ちょっと顔色悪いんじゃない，大丈夫？」とねぎらい，変化に気づき，心配してくれる人がひとりでもいたらどうだろうか。家庭が閉ざされた状態であったとしても，ここに外部とつながる1本の線ができる。この気づきは家庭のニーズの発見につながる。家庭不可侵を崩し得るゆるやかなつながりだとも言える。実際，地域の人びとはいろいろな変化に気づいている。しかしながら，どこに言っていけばいいのかわからないのである。居住している地域で長期間にわたって活動している独立型社会福祉士は，近所の人びとから多くの多様な相談を受けている。社会福祉士だから相談に来るばかりではなく，顔の見える関係性や「あの人に言っといたら何かしてくれるらしいよ」といった口コミからの相談である。

複雑化した現代の制度では，社会福祉などの専門的知識を持た

ない人が、問題やニーズに応じて適切な社会資源につなげるといったスクリーニングをすることはほぼ不可能であろう。ここでは、問題、年齢、性別等の利用要件にかかわらず、生活に関するどんなことでもだれもが相談できる本来の総合相談と、その相談を的確にスクリーニングできる専門性を有した専門職、そしてその専門職と地域の要となる人びととのつながりが必要なのである。この体制ができれば、地域の人びとの緩やかなつながりによってニーズが発見され、そして迷わず「ここに連絡してみれば」と言える、またはニーズを伝えることにより、困難を体験してつらい想いをしている人びとが専門的支援につながっていくことができるだろう。それは、重篤化した状態になる前に支援につなげることを意味する。

2) 複合的問題

　学校にいると子どもの家庭の様子は見えづらい。そして、たとえば母親との電話対応などの一部の体験から「常識が通じない」とか「協力的でない」のような悪い印象を持ってしまう傾向がある。いくら家庭の背景を理解してと言っても、実感としてイメージできまい。震災という共通の体験をし、「ここまでが教育の領域」などと言っていられない状況下、あらゆるニーズに対応しようとした経験から、家庭を理解する視点が広がっていると考えられる。そうであっても、家庭の状況を包括的に理解することはむずかしい。なぜなら、表面化している問題は明白であったとしても、問題は他の要因と絡み合って生じているため、その背景となりかつそれ自体が問題とも捉えられる他の家庭構成員の問題があることがほとんどだからだ。問題が複数であるほど、家庭構成員

の数が増えるほど，問題が複合化してくる。同時に，それらの表面化した問題は，それ以前の家庭の歴史を基礎としており，日々の不満やこだわりなどが蓄積することによって，つらいとか耐えられない問題として表れる。そのため，表面化している時点の理解だけでは，問題と背景を理解することができないことが多いと言える。

このような複合的問題をその原因も含めて包括的に理解するには，個別家庭の多様性をふまえた上で，家庭構成員の交互作用を十分理解し，家庭をひとつの社会システムとして理解し，それらを活かした支援を展開する必要がある。子どもだけ，母親だけ，父親だけを見ていては，家庭として機能できる支援は展開できない。そのためには，まず家庭の境界をどのように捉えるかが重要である。捉え方によっては，同居している家庭構成員だけとは限らないことがある。別居している祖父母や叔母などを家庭構成員と見なしている家庭もあるだろう。あくまで家庭の見解を反映して理解すべきである。そして，家庭のルール，規範，コミュニケーションパターン，意思決定方法，役割などを把握し，それぞれの家庭構成員同士の相互作用と他の相互作用の影響を受けた相互作用である家庭全体としての交互作用を理解する必要がある。この交互作用の理解が，健全な交互作用を目指した相互作用の活用を可能にするのである。

たとえば，父親，母親，長男，長女の家庭があったとする。長男による暴力行為が学校で認識され，SSWrが家庭および他の所属システムとの交互作用を把握したとする。図2-2のように，長男とそれぞれの家庭構成員は相互作用しているが，相互の作用

第2章 地域の再生と家庭支援をつなぐ

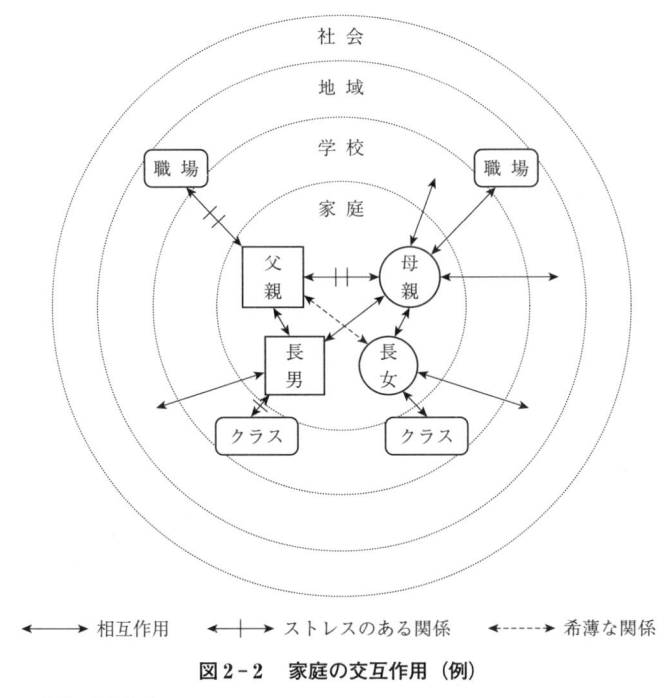

```
              社 会
            地 域
          学 校
        家 庭
  職場 ── 父親 ─╫─ 母親 ── 職場
         │ ╲ ╱ │
         │  ╳  │
         │ ╱ ╲ │
        長男 ─‥‥ 長女
         │      │
        クラス   クラス
```

◄────► 相互作用　　◄─╫─► ストレスのある関係　　◄-----► 希薄な関係

図2-2　家庭の交互作用（例）

出所：筆者作成。

だけでは完結しない。たとえば，父親が職場で退職を迫られたために（父親と職場との相互作用），父親と母親との関係性が悪化し母親に対して暴力をふるい始めた（父親と母親との相互作用）。この両親の相互作用が影響を及ぼし，長男が不安定になりひとつの問題解決方法としてクラスメートに対して暴力行為をとった（長男とクラスメートの相互作用）。これら全体が交互作用である。この交互作用には，これまでの夫婦関係や父親と子どもとの関係，父親または母親の両親との関係性なども影響してくる。子どもの声

に耳を傾けながら,家庭として機能するように,たとえば父親に必要な社会資源につなげるといったような支援も行っていかなければならない。

このような家庭の体験している問題に関する包括的把握および分析には,ソーシャルワークの専門性が必要になる。そして,地域の人びとや専門職などが何らかの働きかけをすることによって,家庭構成員のマイナスの交互作用が,プラスの交互作用に変容していくのである。

この複合的問題を抱えている家庭が機能するための支援を可能にするのが,チームアプローチである。チームを構成する支援者は,教育や福祉に限ったわけではない。家庭の生活を想定して,ニーズに応じた教育,医療,心理,労働,福祉等の専門職やボランティア,そして地域の人びとがチームとして支援を展開すべきである。たとえば,病院では把握していたが,学校では知らなかったといった分野や制度による弊害は,チームアプローチによって最小限にできるはずである。家庭の状況に応じてむずかしい場合もあり得るが,このチームでは子どもを真ん中にした家庭構成員が中心になるべきだろう。必要なサービスや支援を活用しながら,子どもと家庭構成員がそれぞれの問題を理解し,家庭としての問題を理解していく過程で,家庭の交互作用が変化し,複合的問題は解決に進んで行く。このようなチームが適時に活動できる体制をつくるためには,日頃からの地域におけるネットワークづくりが不可欠となる。

3）個と家庭のウェルビーイング

家庭はウェルビーイングを追求するシステムではあるが,すべ

ての家庭構成員が目指すウェルビーイングが同じであるとは限らない。ウェルビーイングとは、身体的、精神的、社会的に良好な状態であり、人権の尊重や自己実現を含む概念である。家庭構成員がそれぞれの人権を尊重し、相互に良好な関係を築き、それぞれの役割を分担して果たし、個々の自己実現に進めるように相互に助け合うことができれば、家庭のウェルビーイングが達成できると考えられる。しかしながら現実には、ある家庭構成員の不利益によって、他の家庭構成員のウェルビーイングが成り立つこともある。また、ある家庭構成員の不利益によって、不健康ながら家庭を維持していることもある。家庭という深い情緒的結びつきゆえに、問題を生じさせやすいシステムであるとも言える。たとえば、仮に子どもが支援を求めても、保護者も同じように支援を求めるとは限らないのである。そのため、支援を求めない人への働きかけといったむずかしさとともに、変化の過程において、それぞれの家庭構成員の自己決定を尊重する責任や保護する責任などの間で倫理的葛藤を抱えることが考えられる。

　中でも、虐待のように、家庭構成員同士の利益が対立する場合における支援のむずかしさは明らかである。たとえば、子どもに精神的虐待を加えることによって、夫婦関係を保っている家庭においては、子どもの利益と両親の利益が対立する。ここで保たれている夫婦関係は健全なものではなく、父と母ともにそれぞれが何らかの要因を背景に夫婦関係の継続に困難をきたしているのである。このような場合、ひとりの支援者がそれぞれの家族構成員の権利を擁護して、支援を行うことはほぼ不可能である。家庭といったシステムが機能するにはどうすれば良いかといった視点を

持ち続けながら,支援者が役割分担をしていく必要がある。そして,家庭として機能できることを目標に,支援者はチームとして問題状況,意向,支援方法,役割分担などを共有および検討しながら支援を展開していかなければならない。また,個々の家庭構成員の変化に応じて,家族全員での問題認識や目標の共有,成果の確認等を行い,家庭としてのコミュニケーション,役割,関係性等の変容を働きかける。中でも,見守りなどの継続的な役割は,近隣住民だからこそできることである。監視にならない地域の見守り体制をつくるためにも,日常的なゆるやかなつながりが必要なのである。また,養育機能の中の社会性の涵養や情緒的交流の機会の提供などは,家庭以外の近所の人びとが果たし得る機能だと言える。家庭の機能を自然と補完することも地域なら可能であろう。

(3) 家庭を支える地域づくり

1) 新たな地域づくり

地域の力は計り知れないものがあるが,家庭支援を可能にする地域はどうすればつくっていくことができるのだろうか。少子高齢化,家族の縮小化,居住の流動化,貨幣による利便化などの特徴が見られる現代の社会においては,近代以前の親族や地域コミュニティーをイメージして,そのまま復活させることは多くの地域で不可能だと言えよう。家庭を支える重層的な支援を適時に自然と提供できる新たなつながりの紡ぎが必要なのである(図2-3)。ここでのつながりとは,だれもが相互に信頼,気づかい,関与できる対等な関係を構築することである。しかしながら,自然と誰

第2章　地域の再生と家庭支援をつなぐ

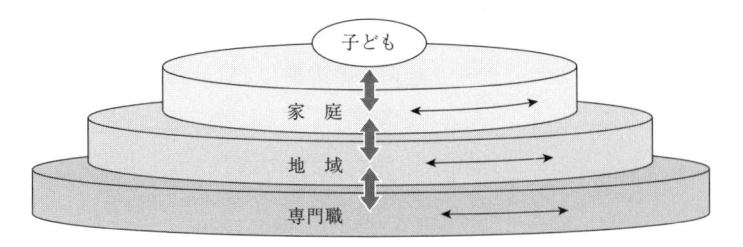

図2-3　子どもにとってしあわせな家庭を支える地域
出所：筆者作成。

もがこのような関係性をつくれるわけではない。このような関係性を構築するには，対人力，観察力，想像力など多様な力が必要になる。そして，何より関係を持とうとする意欲が必要になる。それぞれの人が自分のストレングスを最大限活かしながら，このような関係性をさまざまな人びとと構築できるように，状況に応じて立ち位置を変えながら支援するためには，ソーシャルワークの専門性が必要なのである。地域の再生においては，類似性の高い人びととのつながりが強まり，それ以外の人びとへの排除が高まることを考えると，社会的弱者への支援が特に必要だと言えよう。

　このような信頼・気づかい・関与できる関係性によるつながりを培って行く際に，専門職が地域の人びと一人ひとりにつながっていくことは不可能であり，かつそうすべきでもない。なぜなら，地域の人びととのつながりは，地域の人びとが主体的に協働して初めて培われるものだからだ。専門職がいなくなったら終わりといったつながりでは意味がない。あくまで地域の人びととの生活，そして交互作用が基本であり，それを活性化するために支援するのがソーシャルワーカーである。地域のこれまで培われてきた文化

やつながり等を十分理解した上で、現在のつながりを活性化する、あるいは新たなつながりを意図的に構築していくためには、地域の要となる人びとが十分に機能できるように側面的に支援するのはもちろんのこと、地域に根ざした協働の機会をつくり、人びとを巻き込んで行くことが必要になる。

　たとえば、おおた高齢者見守りネットワークが構築した「SOSみま〜もキーホルダー登録システム」は、ひとつのしかけによって地域の人びとのつながりをひろげていった活動だと言える。「救急搬送された高齢者の身元確認に苦労する」という医療ソーシャルワーカーの悩みからつくられたキーホルダーは、外出先等で救急搬送されるとか、警察に保護された際に、キーホルダーに記載された個人番号によって、事前に登録してある情報を連絡のあった病院や警察に地域包括支援センターが提供するというものである。このキーホルダーを見て困っている高齢者を助けると行ったような地域全体での見守りはもとより、持っている安心によって外出を促すことができている。それは、地域の高齢者の相互作用を高めるとともに、キーホルダーを紹介するとか、知らない人同士のコミュニケーションのきっかけにキーホルダーがなる等のつながりを拡大および活性化するしかけになっているのである。このシステム構築を可能にしたのが、多専門職のネットワーク、そして協働であった。このキーホルダーのシステムをつくる協働が、専門職のつながりを強化および拡大し、そのできあがったキーホルダーが高齢者のつながりをつくり、地域の人びとの気づきを高めていったと言えよう。

　地域の人びとのつながりのしかけを作る基盤となった専門職等

を中心とする連携体制を構築するには,すでにほぼ全市町村において設置されている要保護児童対策地域協議会を活用することが考えられる。要保護児童対策地域協議会によって,「関係機関の情報提供・収集・共有がしやすくなった」と90.1％の市町村が述べている。また,「関係機関相互の信頼関係が高まった（70.6％）」や「役割分担が明確になる（53.6％）[3]」などのチームアプローチに必要な要因に成果が見られている。しかしながら,形骸化しているところがあるとともに,地域住民やボランティアなどの参加は少数に留まっている。同様に,市町村や地域包括支援センター主催による地域ケア会議等も,これまでの蓄積によって,個別のケースの検討などをとおして,ネットワーク構築機能や地域づくり・資源開発機能等を発揮しながら,だれもが安心して生活を継続できる地域をつくっていく有効な手段だと考えられている。

要保護児童対策地域協議会は児童を,地域ケア会議は高齢者を対象とした会議体ではあるが,児童または高齢者のウェルビーイングの増進にとって重要な意味を持つ家庭は,子ども,両親,祖父母等で構成されている。その家庭を支える地域をつくっていくためには,分野に限定しない多専門職によるネットワークを深化および拡大していく視点が重要だと言える。地域の生活では対象類型の制度の視点は通用しない。

また,前述した家庭の交互作用のように,地域の交互作用を重視しながら,地域住民,行政,学校,企業,NPO法人などの多様な参加による活動を長期的スパンで継続していくためには,地域全体を見据えた活動も必要になる。阪神・淡路大震災の復興過程においても見られたように,大震災の復興においてもNPO法

人や社会的企業が重要な役割を担っている。OECDによると「労働市場の統合，社会的包摂，そして経済的発展に貢献するという，社会的目的と経済的目的の両方を充たす新機軸のビジネスモデル[(4)]」が社会的企業である。現時点では多様な定義が見られるが，利益を個人に配分するのではなく，地域の雇用を増やし，地域のつながりを強めることによって，社会的課題を解決し，かつ事業としても継続していくものである。NPO法人，社会的企業，働き手が出資者となる協同労働，地域貨幣などどのような形態や方法であれ，地域の人びとを主体とした地域づくりが不可欠なのである。

2）意識の変容

家庭を支える地域づくりにおいては，人びとの意識の変容が不可欠だと考えられる。子どもの養育を担うことがむずかしい家庭の増加が見られる現在においては，養育機能を家庭のみの責任とすることは現状から乖離している。たしかに「親権を行う者は，子の利益のために子の監護及び教育をする権利を有し，義務を負う」（民法第820条）と規定されているが，親のみの義務と限定されているわけではない。「子育ては親のみの責任」といった国民の意識を，「子育てはすべての大人の責任」に変容することが必要である。実際，「すべての国民は，児童が心身ともに健やかに生まれ，かつ，育成されるように努めなければならない」と児童福祉法にも明記されている。

社会による子育てを国民の合意とするには，子どものしあわせが大人のしあわせにつながっていること，現在の子どものしあわせが将来の社会のしあわせにつながっていることを可視化する必

要がある。そのためには，子どもの体験している問題を個々の家庭の問題に矮小化することなく，社会全体の問題として提示することが不可欠である。そして，少子高齢化が格段に進む日本の近未来における子どもの存在意義を明示することも必要となる。近年「子どもの貧困」が社会問題として認識されつつあるが，いまだ個々の親の個人的要因に原因を求める傾向が見られる。むしろ近年は，福祉国家において確立された社会的要因による貧困観から自己責任を背景に個人的要因に目が向けられて来ている。これによるスティグマは家庭による問題の隠蔽を促進し，早い段階での支援を困難にする。同時に，家庭の格差を明確にし，子ども同士の人間関係に影響を及ぼすとともに，自己肯定感を含めた子どもの成長に大きな負の影響を与えると考えられる。子どもや家庭の大変さを実際に知っている教職員やSSWrこそ，それらを地域そして社会に知らしめる適任者であると言える。

(4) 子どもにとってしあわせな家庭

今もいろいろなところでつらい想いをしながら声をあげられない子どもたちがいると思うといたたまれない。家庭の壁は厚く支援の目を助けの手を阻んでしまう。好奇心ではなく，子どものSOSに少しでも早く気づき，さりげなく手助けできる地域，そんな地域はだれにとっても住みやすいところに違いない。一度崩壊したものをつくり上げるのはむずかしい。しかし，だからこそ現状に合致した地域ができるはずだ。地域の人びとが主体となって，子どものウェルビーイングを追求して培っていく地域こそ，だれものウェルビーイングを目指せる地域となるだろう。それを

可能にすべく側面的に支援できるのが,ソーシャルワーカーである。

〈注〉
(1) 仲村優一・一番ケ瀬康子・右田紀久恵監修『エンサイクロペディア社会福祉学』中央法規出版,2007年,906頁。
(2) 仲村・一番ケ瀬・右田,同上。
(3) 厚生労働省『市町村における要保護児童対策地域協議会(子どもを守る地域ネットワーク)の設置状況等の調査結果について(平成19年4月調査)』,2007年。
(4) 経済協力開発機構(OECD)(2009)／連合総合生活開発研究所『社会的企業の主流化——「新しい公共」の担い手として』明石書店,2010年,15頁。

〈参考文献〉
おおた高齢者見守りネットワーク編／澤登久雄・野中久美子ほか『地域包括ケアに欠かせない多彩な資源が織りなす地域ネットワークづくり——高齢者見守りネットワーク「みま〜も」のキセキ』ライフ出版社,2013年。
木下謙治・保坂恵美子・園井ゆり編著『新版家族社会学——基礎と応用』九州大学出版会,2008年。
財団法人神戸都市問題研究所『社会的包摂手法による地域の再生』総合研究開発機構,2008年。
ジョンソン,L. C. & ヤンカ,S. J.(2001)／山辺朗子・岩間伸之訳『ジェネラリスト・ソーシャルワーク』ミネルヴァ書房,2004年。
鈴木庸裕編著『「ふくしま」の子どもたちとともに歩むスクールソーシャルワーカー——学校・家庭・地域をつなぐ』ミネルヴァ書房,2012年。
地域包括支援センター運営マニュアル検討委員会『地域包括支援センター運営マニュアル——保険者・地域包括支援センターの協働による地域包括ケアの実現をめざして』長寿社会開発センター,2012年。
Aldrich, D. P. *"Building Resilience : social capital in post-disaster recovery"* The University of Chicago Press, 2012.

(第1節　土屋佳子,第2節　森　美樹,第3節　高良麻子)

第3章
地域を越えて子どものしあわせを守るには

1　福島と県外をつなぐ支援

（1）原発事故と県外避難をめぐる概況について

　2011（平成23）年3月11日の東日本大震災の発災，その後の福島第一原子力発電所の事故の発生から間もなく2年が経とうとしている。千年に一度と言われる規模の地震・津波災害。そして，人類がこれまで経験したことがない規模での放射能汚染による複合災害が，地域で暮らす住民や子どもたちに重大な影響を与えた。2年が過ぎた現在でも，福島県外には約5万7千人（表3-1）の県民が長期にわたる避難生活を続けており，また県内でも約10万人の県民が故郷を離れて仮設住宅，みなし仮設住宅等で生活している。これだけ大規模な人口が，しかも長期にわたって避難生活をせざるを得ないということは戦後の災害では類を見ないことである。また，水素爆発によって拡散された放射性物質が雨等の影響で降下，土壌に沈着したことによって，人が安心して暮らせる環境にとって大きな影響があっただけでなく，動植物への影響，生産活動への影響など生活の基盤そのものが大きく崩れてしまった。

表3-1 福島県から県外への避難状況　　　　　　　　　　(単位：人)

地方名	都道府県	A 避難所 (公民館, 学校等)	B 旅館・ ホテル	C その他 (親族・ 知人宅等)	D 住宅等 (公営, 仮設, 民間, 病院含む)	合　計
北海道	北海道			284	1,518	1,802
東　北	青　森			273	277	550
	岩　手			129	409	538
	宮　城			957	1,371	2,328
	秋　田			232	693	925
	山　形			448	9,065	9,513
	福　島					
関　東	茨　城			569	3,374	3,943
	栃　木			458	2,490	2,948
	群　馬			179	1,509	1,688
	埼　玉	139			3,681	3,820
	千　葉			3,313		3,313
	東　京			1,562	5,887	7,449
	神奈川				2,449	2,449
中　部	新　潟			238	5,486	5,724
	富　山			34	209	243
	石　川			68	282	350
	福　井			51	192	243
	山　梨			128	582	710
	長　野			93	910	1,003
	岐　阜			66	162	228
	静　岡			214	609	823
	愛　知			114	681	795
近　畿	三　重			61	152	213
	滋　賀			130	99	229
	京　都			133	569	702
	大　阪			137	597	734
	兵　庫			159	445	604
	奈　良			45	61	106
	和歌山			18	36	54
中　国	鳥　取			22	111	133
	島　根			14	93	107
	岡　山			104	235	339
	広　島			106	216	322
	山　口			22	61	83
四　国	徳　島			5	35	40
	香　川			3	42	45
	愛　媛			62	44	106
	高　知			29	34	63
九　州	福　岡			63	290	353
	佐　賀			11	123	134
	長　崎			15	74	89
	熊　本			40	58	98
	大　分			13	163	176
	宮　崎			44	90	134
	鹿児島			37	111	148
沖　縄	沖　縄			31	707	738
合　計		139		10,714	46,282	57,135

注：復興庁「震災による避難者の避難場所別人数調査」のうち福島県分を抽出。
出所：復興庁平成25年2月12日（火）発表。

第3章 地域を越えて子どものしあわせを守るには

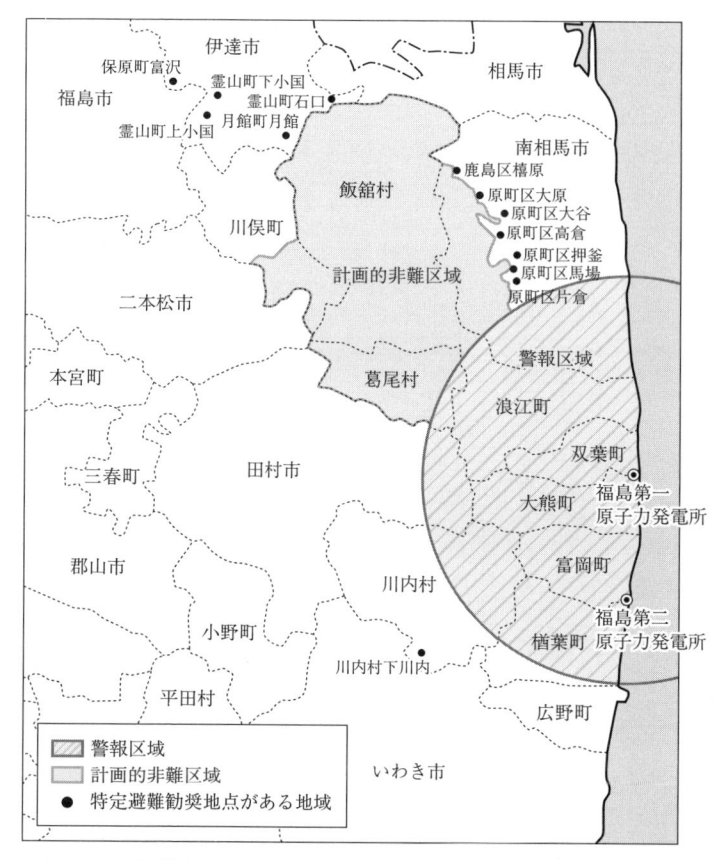

図3−1 警戒区域，計画的避難区域および特定避難勧奨地点がある地域の概要図

出所：経済産業省平成23年11月25日発表資料。

　事故発災から間もなく福島第一原発より20キロ圏内では政府による避難指示で，住民は取るものも取りあえず強制的に避難をすることとなり，20〜30キロ圏内の地域でも屋内退避の指示と，原

表3-2 過去の避難状況の推移

(単位:人)

地方名	都道府県	6/2	6/30	7/14	7/28	8/11	8/25
北海道	北海道	1,121	1,335	1,387	1,464	1,828	1,915
東北	青森	559	579	583	634	652	669
	岩手	401	401	433	454	464	488
	宮城	1,091	1,091	1,190	1,265	1,331	1,369
	秋田	879	865	982	1,014	1,274	1,923
	山形	5,345	5,518	6,073	7,712	10,043	10,572
	福島						
関東	茨城	51	1,905	2,157	2,204	2,335	2,337
	栃木	2,520	2,624	2,664	2,678	2,670	2,638
	群馬	2,666	2,510	2,404	2,198	2,108	2,094
	埼玉	2,610	2,666	2,647	2,551	2,432	4,295
	千葉	2,716	3,024	3,068	3,101	3,150	3,168
	東京	3,294	5,102	5,107	5,640	5,642	6,870
	神奈川	1,204	1,146	1,214	1,264	1,264	1,273
中部	新潟	7,386	7,219	6,958	6,738	6,199	6,014
	富山	378	402	387	391	403	396
	石川	469	424	432	426	409	402
	福井	399	414	417	417	417	423
	山梨	691	723	760	770	787	792
	長野	888	929	974	1,061	1,054	1,029
	岐阜	252	261	270	258	260	262
	静岡	977	1,007	1,012	1,071	1,072	1,026
	愛知	806	814	816	825	845	833
近畿	三重	125	145	145	132	132	132
	滋賀	236	254	248	246	255	252
	京都	435	477	560	615	622	620
	大阪	570	564	547	637	670	690
	兵庫	298	498	531	544	557	556
	奈良	83	78	85	75	78	78
	和歌山	58	50	55	54	56	58
中国	鳥取	90	70	75	93	111	110
	島根	129	143	145	144	138	132
	岡山	107	132	177	221	221	218
	広島	201	235	235	255	255	272
	山口	86	94	97	97	97	97
四国	徳島	51	58	58	61	66	68
	香川	11	49	47	45	45	44
	愛媛	142	149	152	165	161	161
	高知	45	56	56	55	55	55
九州	福岡	301	299	303	324	326	331
	佐賀	47	60	75	120	141	150
	長崎	100	111	111	106	108	114
	熊本	59	72	77	101	96	89
	大分	155	181	181	194	194	196
	宮崎	67	81	85	83	93	97
	鹿児島	124	128	125	121	121	131
沖縄	沖縄	165	299	321	375	415	416
合計		38,896	45,242	46,295	48,903	51,576	55,793

第3章　地域を越えて子どものしあわせを守るには

9/8	9/22	10/6	10/20	11/2	11/30	12/15	1/12	1/26
1,888	1,845	1,828	1,821	1,827	1,822	1,825	1,827	1,846
653	668	671	664	642	638	639	644	648
492	499	544	585	592	600	612	634	642
1,429	1,459	1,516	1,567	1,667	1,687	1,723	1,810	1,868
1,480	1,204	1,151	1,171	1,171	1,174	1,173	1,174	1,174
10,981	11,353	11,816	12,202	12,542	12,998	12,945	12,960	13,033
2,418	2,766	2,787	2,840	2,868	3,013	3,150	3,451	3,612
2,587	2,609	2,563	2,580	2,556	2,533	2,502	2,649	2,710
1,969	1,977	1,964	1,944	1,922	1,946	1,977	1,927	1,921
4,926	4,905	4,819	4,768	4,715	4,704	4,701	4,611	4,593
3,181	3,230	3,197	3,235	3,259	3,194	3,126	3,163	3,214
6,823	6,102	6,266	6,345	6,542	7,370	7,421	7,479	7,570
1,264	1,236	1,203	1,323	1,496	2,126	2,449	2,556	2,572
5,956	6,117	6,249	6,390	6,451	6,682	6,692	6,715	6,683
357	369	361	358	345	313	311	294	295
408	407	407	395	402	403	398	386	383
425	426	423	412	407	404	402	384	366
799	781	777	747	728	707	718	728	733
970	974	960	974	968	970	967	988	987
265	269	281	280	283	290	292	297	307
996	972	986	1,009	1,003	1,006	1,015	985	968
815	822	830	823	817	809	814	826	864
125	125	118	118	118	225	213	216	212
255	262	256	256	259	254	249	252	257
730	737	754	762	770	762	771	758	755
697	852	871	877	884	894	903	923	913
554	550	555	555	554	550	552	548	554
83	85	85	88	88	87	87	84	93
70	70	71	71	71	69	69	65	65
100	110	113	114	111	113	115	119	121
129	127	124	124	124	121	118	117	114
248	248	217	243	233	247	266	261	261
276	281	296	296	295	291	294	303	307
94	94	92	92	98	103	89	82	82
71	82	82	82	84	84	87	87	87
44	46	43	44	44	42	50	49	49
150	152	154	160	160	158	158	151	133
55	60	60	61	60	61	61	66	65
336	339	339	353	354	349	347	331	331
148	149	149	154	153	153	156	158	158
113	114	117	118	112	112	111	111	108
87	89	91	96	96	97	99	100	100
205	203	203	201	204	199	196	189	189
97	119	119	124	125	129	130	138	139
137	140	143	147	147	148	150	151	152
459	482	508	528	529	558	584	629	640
56,281	56,469	57,087	58,005	58,769	61,167	61,659	62,267	62,808

地方名	都道府県	2/9	2/23	3/8	3/22	4/5	5/10
北海道	北海道	1,838	1,860	1,874	1,871	1,839	1,861
東　北	青　森	649	653	656	672	660	614
	岩　手	539	553	556	558	566	523
	宮　城	1,968	2,031	2,069	2,093	2,181	2,467
	秋　田	1,158	1,158	1,143	1,143	1,086	1,052
	山　形	12,998	12,973	12,980	12,944	12,808	12,607
	福　島						
関　東	茨　城	3,553	3,501	3,619	3,647	3,703	3,718
	栃　木	2,749	2,777	2,785	2,713	2,750	2,718
	群　馬	1,917	1,956	1,962	1,954	1,854	1,841
	埼　玉	4,576	4,564	4,563	4,364	4,528	4,289
	千　葉	3,034	2,986	3,015	3,037	3,116	3,160
	東　京	7,525	7,593	7,645	7,627	7,858	7,821
	神奈川	2,566	2,568	2,588	2,592	2,587	2,534
中　部	新　潟	6,728	6,723	6,728	6,762	6,645	6,521
	富　山	292	292	286	289	282	266
	石　川	379	388	397	403	375	376
	福　井	366	366	364	364	364	352
	山　梨	734	735	734	733	726	739
	長　野	1,019	1,022	988	997	999	980
	岐　阜	310	305	295	297	298	287
	静　岡	963	943	935	936	935	915
	愛　知	852	844	841	830	820	809
近　畿	三　重	213	226	205	201	201	201
	滋　賀	258	255	251	247	249	245
	京　都	762	762	757	765	749	756
	大　阪	893	908	838	838	845	826
	兵　庫	550	572	571	574	549	560
	奈　良	90	90	90	90	101	104
	和歌山	63	63	63	63	63	63
中　国	鳥　取	123	123	124	126	127	131
	島　根	114	113	112	114	116	116
	岡　山	252	261	271	271	296	314
	広　島	302	307	308	310	299	308
	山　口	84	84	84	84	84	83
四　国	徳　島	87	83	83	83	50	50
	香　川	46	50	51	51	55	58
	愛　媛	133	126	129	128	128	111
	高　知	65	65	66	67	67	68
九　州	福　岡	323	333	333	344	356	361
	佐　賀	156	156	157	154	149	140
	長　崎	108	108	103	109	105	100
	熊　本	103	103	103	103	103	100
	大　分	192	192	191	189	179	179
	宮　崎	138	139	139	140	135	132
	鹿児島	151	150	147	148	146	139
沖　縄	沖　縄	688	691	673	701	700	686
合　計		62,610	62,674	62,831	62,700	62,736	62,038

注：東日本大震災復興対策本部「震災による避難者の避難場所別人数調査」のうち福島県分を抽出。

第3章 地域を越えて子どものしあわせを守るには

6/7	7/5	8/2	9/6	10/4	11/1	12/6	1/17	2/7
1,872	1,835	1,837	1,832	1,817	1,819	1,819	1,806	1,802
613	591	586	584	577	575	557	549	550
544	539	515	522	525	526	544	538	
2,481	2,503	2,523	2,263	2,282	2,304	2,331	2,328	
1,025	1,002	991	977	957	944	942	921	925
12,391	12,075	11,469	11,134	10,800	10,522	10,105	9,611	9,513
3,814	3,824	3,846	3,862	3,869	3,887	3,926	3,939	3,943
2,728	2,736	2,737	2,733	2,734	2,742	2,719	2,939	2,948
1,797	1,807	1,791	1,764	1,731	1,729	1,712	1,702	1,688
4,251	4,223	4,159	4,089	4,031	3,994	3,939	3,871	3,820
3,183	3,212	3,222	3,227	3,256	3,276	3,297	3,310	3,313
7,803	7,781	7,779	7,734	7,573	7,579	7,537	7,458	7,449
2,514	2,666	2,645	2,618	2,584	2,561	2,480	2,463	2,449
6,440	6,372	6,328	6,184	6,107	5,999	5,950	5,763	5,724
262	257	249	249	249	245	248	243	243
372	367	372	372	362	352	353	349	350
330	327	328	243	241	245	249	246	243
742	734	724	709	722	721	712	712	710
1,002	1,000	987	980	992	991	993	1,003	1,003
285	287	290	264	232	230	227	228	228
884	878	880	864	862	841	831	834	823
811	809	797	809	800	803	801	800	795
208	205	219	220	218	224	224	224	213
238	235	232	238	238	234	230	229	229
747	728	727	715	705	695	701	702	702
961	814	818	785	759	742	737	737	734
577	602	601	594	595	606	592	602	604
104	104	104	109	109	106	102	106	106
56	59	59	59	59	60	54	54	54
132	131	122	122	132	136	135	133	133
116	116	116	116	110	110	106	107	107
316	318	322	321	322	324	331	336	339
318	236	317	322	320	323	328	327	322
87	86	86	87	87	87	87	83	83
45	39	39	39	44	43	43	38	40
47	43	41	40	40	40	40	45	45
106	109	104	104	101	101	99	106	106
68	67	64	67	67	67	67	63	63
360	360	360	356	358	359	364	359	353
140	137	137	140	138	138	137	136	134
97	94	96	93	89	89	89	89	89
100	100	109	109	107	106	104	101	98
179	183	183	186	191	190	183	183	176
136	131	128	129	129	129	136	134	134
146	149	142	142	139	144	144	148	148
691	694	693	688	693	693	694	713	738
62,084	61,548	60,878	60,047	59,031	58,608	57,954	57,377	57,135

出所：福島県発表。

発事故の拡大に備えた自主避難の促進が要請された。20キロ圏内にかかるのが，双葉町，大熊町，富岡町，浪江町，楢葉町，川内村，葛尾村などの双葉郡の町村と南相馬市小高区であり，30キロ圏内には広野町，田村市の一部，南相馬市原町区が入る。さらには，原発事故による放射性物質の拡散の方向の影響で，飯舘村や川俣町の一部が計画的避難区域に指定された（図3-1）。

　また，政府による避難指定を受けていない地域でも，なかなか収束しない事故への不安，生活環境の中にある放射線量の高い場所「ホットスポット」の存在から，福島市や郡山市などの中通りの市町村から自主避難をする住民も多数おり，中でも子育て世代は，成長期にある子どもへの放射線の影響を懸念して避難をしたものが多い。避難時期についても，震災直後の避難だけではなく，放射線量の情報や影響が徐々に明らかになるにつれて，生活のことなども考えながら迷った上で，それでも避難をするという選択をした方々も少なくない。避難者数のこれまでの推移を見ても，自主避難者が多い隣県の山形県では，2011（平成23）年6月時点で5,000人台だったものが，夏休みを挟んで，避難者数は1万人を超え，一番のピークになる2012（平成24）年1月には1万3千人となっている。福島県からの避難者は山形も含め全国46都道府県に散らばった状態であるが，全国の福島からの避難者数の合計で見ても，ピークをつけるのが震災1年後の2012（平成24）年3月であり，他の都道府県でもおおむね同じ傾向が見られる（表3-2）。

（2）子どもの避難について

　これまで，避難者全体の状況を見てきたが，子どもの避難に焦点をしぼって見ていきたい。

　福島県の発表によると2012（平成24）年10月1日時点での子どもの避難者数は，県内13,998人であり，県外には16,970人となっている（表3-3）。

　市町村別の避難者数を見てみると，避難指示を受けた市町村を除くと福島市，郡山市，いわき市などの都市部からの避難者が多い。政府による避難指示を受けていない地域からの避難については自主避難という扱いになるが，家族がそろって避難することができずに，生活・生計のために父親が仕事で福島に残り，母親と子どものみが避難をする母子避難という形で避難生活をしている方が多い。自主避難に関しては原発事故による賠償も限定的であるため，生活のためにはやむを得ないことなのではあるが，家族が離れて生活すること，母親のみが日常の子育てを一手に引き受けることなどから，放射線による健康被害のリスクは軽減されたとしても，生活や子育てをめぐる困難という形での新たなリスクがともなう。

　学齢期の子どもたちについては，区域外就学（住民票を移さない形だが実質上の転校）という形で避難先自治体の学校に通学をすることとなる。避難前は暑い中でも長袖を着て，マスクをして放射線に怯えながら生活していたことや外遊びができなかったストレスを考えると，避難先でのびのびと過ごすことができるようになった。新しい学校で新しい友だちができたなどの声もある一方で，慣れない避難生活や新しい環境の中で，学校に行けなくなった，

表3-3 東日本大震災にかかわる子どもの避難者数　　　　　(単位:人)

市町村名	平成24年10月1日現在の把握数 (18歳未満避難者数)				市町村名	平成24年10月1日現在の把握数 (18歳未満避難者数)			
	計	避難先別				計	避難先別		
		県内		県外			県内		県外
		避難元市町村内	避難元市町村外				避難元市町村内	避難元市町村外	
福島市	3,233	0	32	3,201	柳津町	0	0	0	0
会津若松市	65	0	0	65	三島町	1	0	0	1
郡山市	2,640	0	23	2,617	金山町	0	0	0	0
いわき市	3,152	1,348	60	1,744	昭和村	0	0	0	0
白河市	329	131	2	196	会津美里町	4	0	0	4
須賀川市	209	0	0	209	西郷村	58	0	0	58
喜多方市	7	0	0	7	泉崎村	13	0	0	13
相馬市	104	0	20	84	中島村	1	0	0	1
二本松市	296	0	9	287	矢吹町	36	0	1	35
田村市	388	305	55	28	棚倉町	7	0	0	7
南相馬市	6,485	1,316	1,846	3,323	矢祭町	0	0	0	0
伊達市	353	0	3	350	塙町	3	0	0	3
本宮市	67	0	1	66	鮫川村	2	0	0	2
桑折町	35	0	0	35	石川町	3	0	0	3
国見町	26	0	0	26	玉川村	7	0	0	7
川俣町	247	98	60	89	平田村	3	0	0	3
大玉村	21	0	1	20	浅川町	3	0	0	3
鏡石町	82	38	7	37	古殿町	5	0	0	5
天栄村	25	0	1	24	三春町	42	0	0	42
下郷町	0	0	0	0	小野町	26	0	3	23
檜枝岐村	0	0	0	0	広野町	886	25	656	205
只見町	0	0	0	0	楢葉町	1,242	0	977	265
南会津町	0	0	0	0	富岡町	2,656	0	1,702	954
北塩原村	0	0	0	0	川内村	269	46	158	65
西会津町	0	0	0	0	大熊町	2,262	0	1,586	676
磐梯町	0	0	0	0	双葉町	1,143	0	491	652
猪苗代町	5	0	0	5	浪江町	3,270	0	1,898	1,372
会津坂下町	3	0	0	3	葛尾村	193	0	169	24
湯川村	0	0	0	0	新地町	14	0	0	14
					飯舘村	1,047	0	930	117
					計	30,968	3,307	10,691	16,970
							13,998		
					H24.4.1現在	30,109		12,214	17,895
					増減数	859		1,784	△925

注:原則として平成24年10月1日時点の避難者数である。
(9/30福島市、9/21須賀川市、2/1会津坂下町、9/1会津美里町、9/18双葉町)
相馬市、桑折町、新地町については、小中学生の区域外就学のみ把握。
郡山市の数値については、10月1日現在の「全国避難者情報システム」の積み上げによるもの。
「全国避難者情報システム」は、避難者の任意の届け出に基づくもので、避難者の所在地の情報を、避難先の都道府県を通じて避難元の県や市町村に提供するもの。
出所:福島県発表。

第3章　地域を越えて子どものしあわせを守るには

いじめがあった等の声も聞かれる。

　学齢期前の乳幼児がいる世帯では，避難先の保育所・幼稚園を利用したり，避難先の子育てひろばの利用をしたりすることができ，避難者が多い一部地域ではかなり充実した支援が行われているが，一方で，必ず利用しなければならないというものでもないので，支援につながっておらず，孤立化していると思われる母子も存在しており，そこをいかに支援していくかという課題もある。

（3）避難先での支援について

　避難先では，地域性によって違いはあるものの，行政，社会福祉協議会，NPO，ボランティア団体などの多様な主体による避難者支援の取り組みが行われている。福島からの避難者数が多い地域での取り組みを中心に紹介しながら，そこに集う母親の声，子どもの様子の一端を紹介したい。

1）山形県で行われている支援

　福島県からの避難者数が一番多いのが隣県の山形県である。ピーク時からすると徐々に福島に帰還される方もでてきているが，2013（平成25）年2月の時点で，まだなお9,500人の方が避難生活をしている。隣県で移動が比較的容易であるという理由や，自主避難者が借りた民間賃貸住宅をみなし仮設住宅として家賃補助をしてきたため，父親を福島に残したままの母子避難が多い地域でもある。その山形県で中心的に福島からの避難母子を支える活動に取り組んでいるのが「NPO法人やまがた育児サークルランド」である。

　「やまがた育児サークルランド」は，山形市内の育児サークル

のネットワークづくりを端緒に始まった活動であり，震災時点で10年以上の活動実績を持っていた団体である。山形市内の子育てひろば「子育てランドあ〜べ」の運営や，育児サークル支援，子どもの一時預かり，家庭訪問事業などさまざまな事業に取り組んでおり，その経験を活かしながら避難者支援の取り組みを展開してきた。

　2011（平成23）年7月からは「ままカフェサロン」を山形市内のコミュニティセンター等を会場に実施。避難先山形の子育て支援情報等の提供や，避難してきている母親同士の交流の場づくり，避難生活をしている方への支援物資の提供などを行ってきた。多い時には1回のサロンに100名を超える母子が参加するほどであり，2011（平成23）年12月からは，子どもの年代別に集まる日を変えたりするなど，避難母子が参加しやすいような工夫がされている。また，2011（平成23）年11月より福島からの避難親子のための育児サークルを立ち上げ，その運営支援にも取り組んでいる。育児サークルには「ふくふくランド」，「ままどーる」，「いかにんじん」など，福島を想起させるような名前がつけられており，避難している母親たちが自主的に運営していくことができるようにしている。さらに，小学生の子どもを持つ母親向けのサロンも開催されており，学齢期の子どもを持つ親たちの交流の場となるとともに，夏休みには山形の退職教員の協力なども得た寺子屋塾の開催で学習支援や工作づくりなどのプログラムも展開されている。その他，震災後の不安や悩みが深刻なお母さん向けに，臨床心理士の個別相談が受けられる「はーとケアママカフェサロン」の開催にも取り組むなど，避難母子の課題やニーズに合わせた包括的

な支援を行っている。

　2012（平成24）年度からは，福島から避難してきている母子が気がねなく集まれる場所として，借り上げた住宅を開放する形で「ままカフェ@home」や「福山ひろば」という常設型の子育て広場の開設も行っている（次頁，図3-2）。

2）新潟県で行われている支援

　新潟県は，山形県，東京都に次いで，福島からの避難者が多い地域である。2013（平成25）年2月の段階でまだなお約5,700人の方が避難している。福島の隣県であること，高速道路1本でつながっていることなどが，新潟に避難した理由にあげられる。また，新潟県は警戒区域等避難指示をされている地域からの避難者も多い。東京電力柏崎刈羽原発があり，柏崎市周辺はほとんどが避難指示区域からの避難者となっている。一方で新潟市では避難指示区域からの避難者と自主避難の比率が半々であり，自主避難者に関しては郡山市からの避難者が多い。新潟県でも市町村が避難者向けのサロンを開く，中間支援NPOが避難者の自治的なグループの組織化を図る，従来からの子育て支援に取り組んでいる団体が拠点施設を活用しての支援を行うなどの取り組みがある。中越地震からの復興の経験を持つ地域だけに，支援者の支援に対しての意識が高く，また支援のネットワークづくりも進んでいる地域でもある。その中での取り組みの1つとして地域の子育て支援センターを中心とした取り組みを紹介する。

　新潟市秋葉区にある「にいつ子育て支援センター育ちの森」（管理・運営：NPO法人ヒューマンエイド・22）では，東日本大震災以降の2011（平成23）年夏頃から福島から避難してきた親子が増

```
子どものいる避難家庭支援活動
おもな活動(図)とねらい(①〜⑨)
① 育児等情報支援
② 交流促進(出会いの場の提供)
③ 物資提供
④ 親同士が助け合う関係づくり
⑤ 子どもの発達支援
⑥ 親子関係の調整(含む保育)
⑦ 相　談
⑧ 居場所づくり
⑨ 小学生以上の親子対象の事業
```

```
ままカフェサロン
山形市内コミュニティセンター
等で2011年7月〜11月
①②③，15回のべ1,810人参加
```

```
ままカフェサロン(お茶会)
米沢市避難者支援センター
2012年4月〜①②⑦
```

```
たきやまサロン
2011年月〜⑨，9回216人
(3月末)，学校内サロン
```

図3-2　「やまがた育児サークルラ

出所：平成24年度東日本大震災中央子ども支援センター福島窓口主催「県外避難者支援

え始め，「あそびの広場」の利用や相談対応などを行っていたが，福島から避難してきた母親と子どもに限定してまわりに気がねなく利用できる「福島限定日」の設定を行い，情報コーナーの設置，サロンの開催を行ったところ，予想していた以上の参加者があり，福島から避難してきている母親同士の情報交換が活発に行われる姿が見られるなど非常に盛況であった。また，福島限定日「サロン」参加者の要望から「キビタンズサークル」が立ち上がった。福島から避難している母親達の間でも，定期的に集まれるサークルは必要だという意識はあったが，避難生活の中でリーダーを務めたり運営はむずかしいと考えていたところ，福島出身で新潟市在住の先輩ママが代表を引き受け，「育ちの森」や秋葉区社会福祉協議会などの支援を受けながら，現在も自主的な運営を続けている。

　2012(平成24)年度からは福島県子どものこころのケア事業の一環として，親子が参加できる「ふくしまママサロン」を毎月1

第3章　地域を越えて子どものしあわせを守るには

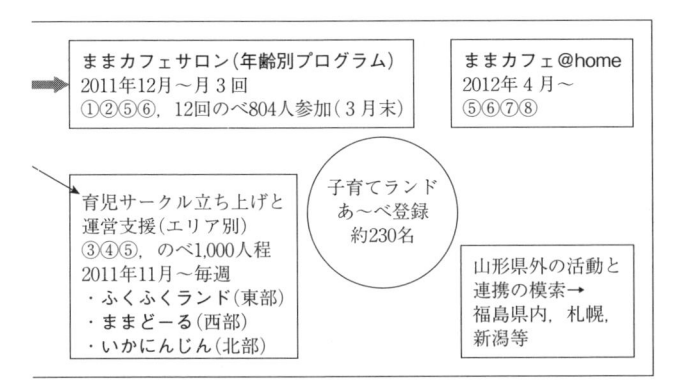

```
┌─────────────────────────────────┐  ┌─────────────────────┐
│ ままカフェサロン(年齢別プログラム)  │  │ ままカフェ@home      │
│ 2011年12月〜月3回                │  │ 2012年4月〜          │
│ ①②⑤⑥，12回のべ804人参加(3月末) │  │ ⑤⑥⑦⑧             │
└─────────────────────────────────┘  └─────────────────────┘

┌──────────────────────┐   ╱‾‾‾‾‾‾‾‾‾╲
│ 育児サークル立ち上げと │  │ 子育てランド │
│ 運営支援(エリア別)    │  │ あ〜べ登録   │
│ ③④⑤, のべ1,000人程 │  │ 約230名     │
│ 2011年11月〜毎週     │   ╲_____╱
│ ・ふくふくランド(東部)│   ┌─────────────────────┐
│ ・ままどーる(西部)    │   │ 山形県外の活動と     │
│ ・いかにんじん(北部)  │   │ 連携の模索→         │
└──────────────────────┘   │ 福島県内, 札幌,      │
                             │ 新潟等               │
                             └─────────────────────┘
```

ンド」の避難家庭支援の取り組み

のあり方を考える為の避難者連絡会議」資料より。

回開催するとともに，託児付きで母親同士が安心して話せる場として「ふくしまママ話会」の開催も行っている。サロンとの違いは，同じ参加者が3回シリーズでテーマを決めて話をするというところで，継続して同じメンバーで話せるので，普段なかなか話せない子育ての悩みや，避難生活の今後，放射線への不安などを本音で話すことができるということである。母子避難で就学前の子を持つ母親にとって，託児があることで一時でも子どもから離れ，ファシリテーターが入った守られた場で，信頼関係がある同じ立場の母親同士で本音で話せることは，避難生活での悩みの整理につながったり，気分転換やストレス発散になるなど心のケアの効果は高い（図3-3参照）。

（4）長期化する避難生活の課題

「避難生活がこんなに長くなるとは思わなかった」，「いつまで避難が続けられるのか悩む」。こうした声を避難先でよく聞く。

```
┌─────────────────────────────────────────────┐  ┌──────────────────┐
│              育ちの森で実施                  │  │   他施設で実施    │
│  ┌── 交 流 ──┐  ┌── 相 談 ──┐              │  │ ┌──────────────┐ │
│  │あそびの広場│  │予約相談   │              │  │ │ふくしまママサロン│ │
│  │楽し読みスポットタイム│ │電話相談   │   │  │ │月1回開催     │ │
│  │お誕生日イベント│  │Eメール相談│          │  │ │(平成24年9月〜│ │
│  │学年別限定日│  │(館内の相談は随時受付)│  │  │ │ 平成25年3月) │ │
│  │季節のイベント│ │(個人相談) │            │  │ └──────────────┘ │
│  │福島限定日 │  └───────────┘              │  │                  │
│  └──────────┘  ┌── 保 育 ──┐              │  │ ┌──────────────┐ │
│  ┌── サロン──┐ │一時預かり │              │  │ │キビタンズサークル│ │
│  │(冬の運転・女性の体│ │保育ルーム │        │  │ │サークル立ち上げ・│ │
│  │ についてなど)│ │(講座開講時間内開設)│   │  │ │運営支援      │ │
│  └──────────┘  └───────────┘              │  │ └──────────────┘ │
│  ┌── 講 座 ──┐ ┌── 情報発信──┐            │  │                  │
│  │ (母子分離) │ │HP         │              │  │                  │
│  │ママ茶会 23年度│ │季刊情報誌 │            │  │                  │
│  │福島NPセミナー 23年度│ │(年4回4,000部)│  │  │                  │
│  │(ノーバディズ・パーフェクト)│ │森のひろば(毎月発行)│ │  │                  │
│  │ママ話会 24年度│ │ハローワーク求人票掲示│ │  │                  │
│  │子育てセミナー│ │新潟雑誌   │            │  │                  │
│  │(トイレトレーニングなど)│ └───────────┘ │  │                  │
│  └──────────┘                               │  │                  │
└─────────────────────────────────────────────┘  └──────────────────┘
                        ↓ 連携
```

秋葉区役所健康福祉課児童係	消防署	企業
保健師	警察	社会福祉協議会
助産師	シルバー人材センター	虐待予防ネットワーク
児童相談所	他市町村支援センター	見守り相談員
幼稚園・保育園	病院・医師	ハローワーク
公民館	NPO	新潟市ファミリーサポートセンター

図3-3 新潟県の子育て支援センターを拠点にした避難母子支援の取り組み

出所:福島県子どもの心のケア事業「母子避難支援ガイド」ママたちの声を形により抜粋。

　震災前は当たり前だった生活が当たり前でなくなり，慣れない避難先で不自由な生活を送らざるを得ない。徐々に避難先の生活に慣れていったとしても，避難にともなう家族の分断や二重生活による経済的負担など，避難という選択にともなって解決がむずかしい課題が浮き彫りになってくる。

避難者の受け入れが一番多い，山形県で実施されたアンケートを見てみると，避難者が困っていること，不安に思っていることの上位には，「生活資金のこと」，「避難生活の先行きが見えないこと」，「放射線の影響のこと」，「自分や家族の体と心の健康のこと」と続いていく（図3-4）。

また，子どもを持つ世帯に限った質問項目を見てみると，「家族が離れて暮らしていることへの影響」，「こどもに対してイライラしたり，冷たく接したりしてしまう」，「子育て，教育に係る経済的負担」，「子どもの友達や学校での関係」と続いていく（図3-5）。

母子避難が多いということもあり，父親や家族と離れて暮らすことへの影響や母親が子育て・育児を抱えざるを得ない環境で，そのイライラやストレスが子どもに向かうという深刻な状況も見えてくる。

避難者の交流会に参加したある母親からは，子どもが父親との関係を築いていく一番大切なときに離ればなれになってしまって，今後の子育ての中で考え方の食い違いや，協力が得られにくくなるのではないかという，今後の子育てや夫婦のあり方について心配している声が聞かれた。

（5）福島と県外をつなぐ支援

福島からの避難者は，広域にわたる避難，多数の人数，そしてそれぞれ背景や課題も違っているために，どのような避難生活をしているのかという避難者の実態や，課題を捉えること，それに対応した支援をどうするのかという全体像はとても見えづらいも

困っていること，不安なこと（複数回答）

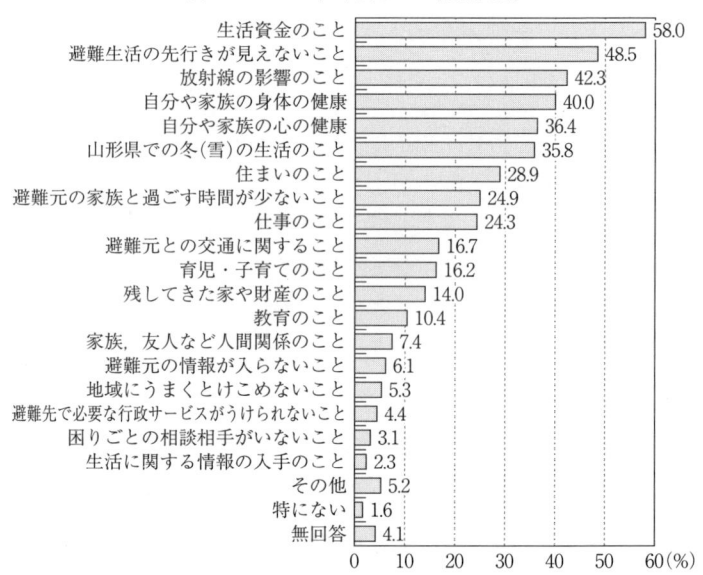

項目	%
生活資金のこと	58.0
避難生活の先行きが見えないこと	48.5
放射線の影響のこと	42.3
自分や家族の身体の健康	40.0
自分や家族の心の健康	36.4
山形県での冬（雪）の生活のこと	35.8
住まいのこと	28.9
避難元の家族と過ごす時間が少ないこと	24.9
仕事のこと	24.3
避難元との交通に関すること	16.7
育児・子育てのこと	16.2
残してきた家や財産のこと	14.0
教育のこと	10.4
家族，友人など人間関係のこと	7.4
避難元の情報が入らないこと	6.1
地域にうまくとけこめないこと	5.3
避難先で必要な行政サービスがうけられないこと	4.4
困りごとの相談相手がいないこと	3.1
生活に関する情報の入手のこと	2.3
その他	5.2
特にない	1.6
無回答	4.1

図3-4　避難生活の中で「困っていること」や「不安」について

のとなっている。

　また，福島県や避難元市町村でも避難者の支援に取り組んでいるが，これだけ広域にわたり，多くの避難者がいる現状で，支援にも限界があり，避難先の行政や支援団体に頼らざるを得ない状況は続いている。

　一方で，個々の避難者や，その避難者を支援している避難先の自治体，支援団体にとっても，刻々と変わる福島の状況や原発事故以後の福島の生活がどうなっているか，帰還の見通しはいつつくのかなど，見えないこと，わからないことは多い。

　こうした状況の中で，避難先の支援団体とも連携しながら，交

第3章　地域を越えて子どものしあわせを守るには

教育や子育てで困っていること(複数回答)

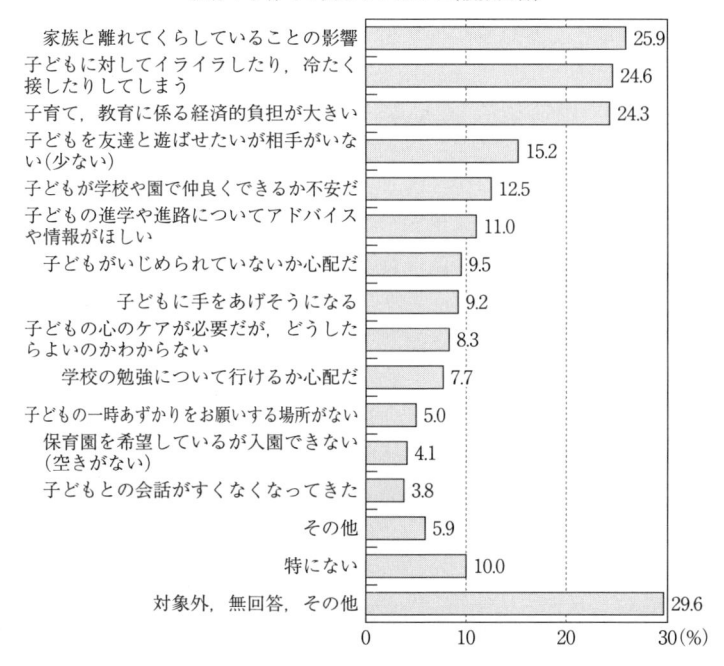

項目	%
家族と離れてくらしていることの影響	25.9
子どもに対してイライラしたり,冷たく接したりしてしまう	24.6
子育て,教育に係る経済的負担が大きい	24.3
子どもを友達と遊ばせたいが相手がいない(少ない)	15.2
子どもが学校や園で仲良くできるか不安だ	12.5
子どもの進学や進路についてアドバイスや情報がほしい	11.0
子どもがいじめられていないか心配だ	9.5
子どもに手をあげそうになる	9.2
子どもの心のケアが必要だが,どうしたらよいのかわからない	8.3
学校の勉強について行けるか心配だ	7.7
子どもの一時あずかりをお願いする場所がない	5.0
保育園を希望しているが入園できない(空きがない)	4.1
子どもとの会話がすくなくなってきた	3.8
その他	5.9
特にない	10.0
対象外,無回答,その他	29.6

図3-5　教育や子育てについて「困っていること」や「不安」

出所：図3-4,3-5ともに平成24年11月山形県広域支援対策本部避難者支援班発表資料より。

流会で県外に避難している福島の親子をつないだり，グループミーティングの開催や相談会の開催などのこころのケアの取り組み，避難者を支援している団体に福島の情報を伝えたり，避難先の情報を集約したりといった取り組みが東日本大震災中央子ども支援センター福島窓口によって開始されている。

東日本大震災中央子ども支援センターは，これまでにない規模の災害に対して，中長期にわたっての子どものこころのケアや支

援の必要性から、厚生労働省の要請により2011（平成23）年10月に社会福祉法人恩賜財団母子愛育会日本子ども家庭総合研究所に設置されたもので、その現地窓口が福島県にも2012（平成24）年3月に設置され、筆者の所属している特定非営利活動法人ビーンズふくしまが運営にあたっている。福島県の子ども支援に関する課題の抽出、県内での支援者向けの研修、県内で必要とされている子ども支援の専門家の派遣調整などとともに大きな柱の1つとして、県外避難をしている母子の支援を行っている。

前に紹介した「やまがた育児サークルランド」、「にいつ子育て支援センター育ちの森」なども含め、埼玉や東京など、避難者が多い地域の主要な避難者支援にあたっている団体へ呼びかけながら、県を超えたネットワークづくりや避難者支援の課題についての情報交換会を開催したり、県外避難者支援のコーディネーターが福島から訪問し、フェイス・トゥ・フェイスで情報を伝えながら、避難者個々の悩みや不安を聴き、必要な支援につなげたり、避難先で避難者を支えている支援者を支援する取り組みなども行っている。

避難元の福島県と避難先の都道府県や市町村。避難者にとっても、支援する側にとっても、距離があり、双方のことがわかりにくい状況の中で、この「つなぐ支援」から、支援に共通しての課題が見えてきたり、つながったネットワークの中から、行政や各支援団体が協働しての支援、新たな形での支援なども始まっている。

また、避難者にとって先行きの不安の原因の1つになっている福島との情報格差を埋めるために、今の福島の状況を伝えたり、

必要な情報を提供する手段として，それぞれの自治体や団体がバラバラに発信している情報を整理して，避難者向けにまとめて提供するホームページ「ふくしま結ネット」の運用なども行っている（「ふくしま結ネット」については，http://yuinet.beans-fukushima.or.jp/ を参照）。

　各地域でそれぞれが行っていた支援を「点」とするならば，1年経った今の段階では，各地の「点」と「点」が相互に線で結ばれてきて，全体の輪郭が見えてきたところのように思う。今後は，線で結ばれた支援に厚みを持たせながら，個々の避難者のニーズの違いに対応したり，共通する課題を洗い出しながら，次に解決が必要となってくることを提起したり，協働しながらの支援の仕組みづくりを行う，面としての対応が求められる。避難の長期化で課題がより複雑・困難になっていくことが予想される中で，より充実した支援の仕組みをつくっていかなければならない。

（6）避難・帰還をめぐって

　震災・原発事故から丸2年が経過し，避難生活も3年目に入ろうとしている。子どもの成長にともなう進学の問題，避難で2重生活を続ける経済的余力，避難をめぐっての考え方が家族で食い違い始めたなど，状況も変わりつつある中で，避難を続けるのか，帰還をするのか悩み，迷う母親は多い。

　福島の放射線も原発事故より2年が経って，自然減と除染と取り組みによって，少しずつ低くなってきていることをふまえて，前向きに帰還という選択をする方もいれば，放射線のリスクと家族の分断や経済的リスクもふまえて総合的に判断して帰還という

決断をされる方もいる。一方で，福島の今の環境にまだ安心しているわけではないので避難を続けるという判断をする方や，安心はしていないけど経済的なこと，家族の考え方をふまえてやむなく帰還をするという方もいる。

　放射線の影響や放射線に対する考え方は，それぞれに違いがあるものであり，特に自主避難の場合は，避難者がそれぞれの感じ方，価値判断によって避難を決めているので，避難の継続か帰還かを決める際も，判断をする上で必要な情報を得た上で，納得した判断ができなかった場合は，帰還をしたとしても葛藤を抱えたままであることが多い。しかも，子どもの成長や健康に係ることだけに，自分の判断が正しかったのかどうか，その後の子育てをめぐっての親の自己肯定感にもかかわってくる。親が自己肯定感を持って子育てできるかどうか，子育てに自信が持てるかどうかということは，子どもにも影響してくることである。何が正しいのか，正しかったのか，それは支援者も答えを持っているわけではないし，避難をしているそれぞれの親もわからないことである。それぞれの選択・判断を信じ，その葛藤も理解した上で，寄り添い，支えていくことが支援する側にも求められている。

　また，帰還を考えた際に多くの母親が悩むのが，避難前の元のコミュニティや避難前に親しくしていた友人たちに溶け込めるかどうかという点である。避難をした際に，だれにも知らせずに避難をしたり，福島に残っている人もいる中で避難という選択をした後ろめたさを感じて，福島に帰ったあとの人間関係をどうしていくのかという点での悩みである。この点についてもサポートをしていかないと，帰還したとしてもまわりとの関係を断ってしま

ったり子育ての孤立化に結びつく恐れがある。こうした点についても，福島県内の支援者に避難されていた方の実情や葛藤も含めて伝えながら支援体制をつくっていくことが求められるだろう。

(7) つなぎつづける

　原発の廃炉や除染の完全実施など，震災・原発事故以前のように安心して子どもを産み育てられる環境が再生されるまでの時間を考えると福島の復興はまだまだ遠い道のりである。県外で避難生活をしている親子が，まだ避難を続けるのか，帰還を考えるのか，避難先での生活再建を考えるのか，それぞれ個々の選択ではあるが，個々の課題としてしまうにはあまりにも重すぎる。避難生活や避難を選ばざるを得ない状況が，いまだ現在進行形であるということもふまえながら，これからも継続しての支援をしていくこと。またその支援の際には，刻々と変わる福島の状況や情報をきちんと判断材料としても示しながら，避難者個々が抱える状況や課題に対して，納得できる自己決定をしてもらうこと。その結果に対して寄り添いながら必要な支援を続けていくことが必要である。

　そのためには，支援者同士も情報の共有，それぞれの強みを活かした協力や協働がより一層求められる。長くなれば長くなるほど深刻化する課題に対して，「つなぐ」は大事なキーワードである。「避難者同士をつなぐ」，「別れて生活している家族をつなぐ」，「避難者と支援者をつなぐ」，「支援者同士をつなぐ」，そして「ふるさと福島とみんなをつなぐ」ための取り組みを今後とも進めていきたい。

2　避難する権利と子どものしあわせ

(1) 身近になってしまった放射線

　今まで，放射線は，できるだけ浴びないほうが良いと言われ，放射性物質は，管理区域で厳重に管理されている，と教えられてきた。しかし，原子力発電所の事故によって，事故由来の放射性物質が広範に拡散し，残念なことに，われわれにとって放射線はとても身近な存在となってしまった。

　国は，20ミリシーベルト毎年を避難指示の基準とし，住民にその基準以下の被ばくを許容する政策をとりつづけている。避難指示のない地域においても，原発事故以前に比較して，多核種かつ多量の放射性物質によって，自然環境や住環境が汚染された。それにもかかわらず，避難指示等が出されていない区域の住民は，そこでの生活を余儀なくされている。

　震災後，除染のための莫大な予算措置が講じられたが，その進捗は住民の期待に沿うものとは言えず，また，その効果も疑問視されている。2012（平成24）年11月末現在で，福島県内の汚染状況重点調査地域の指定を受けた40市町村における除染実績は，住宅について，13.5％，道路について，12.3％に過ぎない。また，その効果も，期待するほどの低減効果が見られてはいない。たとえば，2011（平成23）年3月に，福島市は，大波地区で放射能除染事業を行った。結果，大波小学校通学路の除染率は，1メートル高で6.7％，除染後の空間線量は，測定高1メートルの平均で，1.5マイクロシーベルト毎時であった。除染にかかる多額のコス

トに比して，得られる効果は小さいと言わざるを得ない。除染に期待できないと考える住民の不安に寄り添う政策が必要である。

　避難指示もなく，除染も思うように進まない中，子どもたち，そして自分たちの被ばくを可能な限り避けようとした時，住民たちは，自らの力で避難するか，留まって自らの努力で放射線防護に取り組むか，どちらかを選択せざるを得ない状況にある。

（2）被ばくを低減するための努力

　避難指示区域外にも，事故前であれば，放射線管理区域に指定され，立入りを厳重に管理しなければならない程の地域は存在する。また，比較的放射線量が低い地域でも，いわゆるホットスポットが存在する。

　国や自治体主導の除染は，前述のとおり，効果がなかなか見えない。行政による除染を待っていられないと，住民たちは，被ばくの危険をかえりみず，地域でのボランティアとして除染活動を余儀なくされている。

　また，都道府県や文部科学省等によって行われている定時降下物検査で，放射性物質の再浮遊が頻繁に確認されている。さらに，切り干し大根の実験で，乾燥時の塵による放射性物質の二次汚染が確認されるなど[1]，今も大気中に少なくない放射性物質が俟っていることが明らかになりつつある。

　国は，外部被ばくに比して，内部被ばくは，影響が低いとの見解を採用し，計算を行っている。しかし，内部被ばくを全身に平均化する計算法であるSvを用いて評価することは妥当でないとする見解もある。

子を持つ親たちの中には，内部被ばくの影響が小さいことの証明がないと考える親も多く，食物由来の内部被ばくや，呼気経由の内部被ばくを可能な限り避けようと，今も気を遣っての生活が続いている。具体的には，屋外活動を控えたり，暑い日にもマスクを欠かさなかったり，遠方の食材をわざわざ購入し食費が多くかかってしまったりする日常である。親たちは，愛する子どもたちに，将来万一のことがあったらという不安を抱きながら，毎日，自分の選択は誤っていないかと問いながらの日々を送っている。親の精神的負担は非常に大きい。

（3）命の選択の日々

　子どもの権利条約は，第3条で，子どもの最善の利益の実現をうたう。どこで生活をするのが子どもの最善の利益なのかという，本当にむずかしい判断を，親たちは震災後，ずっとせまられてきた。「毎日が命の選択です」と，親たちは，涙を流す。小さな毎日のこと，たとえば，福島県産の食材を食べさせるのか，給食を食べさせるのか，体育の授業を校庭で受けさせるのか，屋外で遊ばせるのか，マスクをさせるのか，水道水を飲ませるのか，外食をするのか，友だちと一緒に外出させるのか。そして，避難すべきなのか，避難するとして，家族全員で避難するのか。

　事故直後，特に学校では，自己決定が許されず，みなと同じ行動を要求されていた。「国を信じられなければ，日本人を辞めるしかない」との教師の言葉に，涙を流す親たち。

　親たちは，「弁当を持たせてほしい」，「牛乳を飲まない扱いを認めてほしい」と訴え，自己決定がある程度認められるようには

なった。しかし、皮肉なことに、自己決定を強調することで、決定をしなければならない親の精神的負担を、大きくさせる結果にもなった。

　福島県およびその近隣で、放射能汚染の影響を受けた地域に住む人びとは、決断を迫られる日々に、疲弊している。毎日の選択に疲れ、耐えられなくなり、自ら「スイッチ」を切る人も多い。それは、自らがストレスを感じることで、子に与える影響を考慮した結果であることも多い。

　また、各家庭の判断に委ねる、とはいえ、その対応は、学校によってまちまちである。たとえば、校庭での体育を欠席したいとの申し出に対して、体育館での別の授業を提供する学校もあれば、その時間中、掃除をさせられる学校もある。

　学校での学習権の、著しい侵害である。子どもたちには、放射線防護に対する価値観の違いからくるそれぞれの選択を、最大限尊重した学習の機会が与えるべきである。

（4）今、区域外からの避難者たちは

　原発事故の影響で、今も、約16万人が、避難を余儀なくされている。そのうち、福島県外に避難している人は、約6万人で、その半数近くは、政府の避難指示区域外からのいわゆる自主避難者である。福島県によると、2012（平成24）年4月1日時点で、県外に避難している18歳未満のこどもは、約1万8,000人である。そのうち、福島市や郡山市を中心に、避難区域外からの避難が1万人近くを占める。区域外避難者のデータをくわしく見ると、福島市から3,150人、郡山市から2,778人、いわき市から2,166人

(いわき市のデータのみ，3月27日時点)と続く。いわき市からの避難者は，津波や地震被害による避難も含まれてはいるものの，放射線量が比較的低い中，県外へと避難する子どもが多く存在することを意味する。

　福島県は，約16万人の福島県内外の避難者を，2020（平成32）年までにゼロにするという総合計画案を発表した。一方で，福島市が2012（平成24）年5月に行った調査によれば，全体の3分の1，乳幼児や小学生のいる世帯の半分以上が，「できれば避難したい」と回答している。

　しかし，避難生活は，経済的にも，身体的にも，精神的にも，非常にきびしいものである。現在までは，災害救助法の適用により，福島県内からの避難者に対して，住宅費等の支援もあった。しかし，もともと災害救助法は，原発事故被害に対応するための法律ではなく，その支援はいつ打ち切られるかわからない，不安定なものである。

　一家の稼ぎ手である父親を残し，母親と子どもで避難する，いわゆる母子避難も多いが，不安定な生活に家族皆が耐えられず，やむなく帰還を決断する家庭も増えてきている。

　また，区域外からの避難は，「被ばく」をどう捉えるかを巡って，精神的な分断を生み，さまざまな葛藤が生まれている。すなわち，避難指示もなく避難することに対して，「福島を裏切った」，「放射線を気にしすぎだ」など中傷されることもある。福島県外の地域からの避難は，さらに多くの精神的葛藤を抱える。避難先においても，福島県からの避難者と，東京をはじめとする関東からの避難者の間では，線量の高低によってお互いを傷つけあうよ

うな状況も生まれている。避難先に,精神的に安定した生活が営める状況がかならずある,とは言えない。

(5) SAFLANの活動

SAFLAN 福島の子どもたちを守る法律家ネットワーク（Save Fukushima Children Lawyers' Network：略称SAFLAN）[2]は,政府指示による避難と比較して,区域外避難への支援が遅れていることを懸念した東京や福島の子育て世代の弁護士を中心に,原発事故後の2011（平成23）年7月に結成された。事故直後から,避難区域外からの避難の問題に,正面から取り組み,「避難を選ぶ子どもと家族にその道を」確保するための活動を行ってきた。私も結成直後に,福島県に在住する子育て中の当事者として,SAFLANに加わった。

SAFLANの具体的な活動としては,関東圏への避難者の相談,定期的な福島市内での相談会のサポートなどから始まり,現在では,以下に述べる被災者支援法に関する講演会や提言活動など,全国で活躍している。

(6) 子ども被災者支援法の成立

原発事故の影響が続く中,2012（平成24）年2月,SAFLANは,「原発事故によって生じた放射線被ばくの被害者に対する恒久的な対策立法の制定を求める立法提言」を共同提案した。[3]同年4月には,原発事故の被災者および被災者支援に取り組んできた市民団体と連名で,「原発被災者支援のための早期立法を求める要望書」を国会議員に対して提出した。[4]同年6月には,私が

SAFLANの他の弁護士らと共著『避難する権利,それぞれの選択』を出版した(5)。

そしてついに2012(平成24)年6月21日,「原発事故子ども・被災者支援法(正式名称:東京電力事故により被災した子どもをはじめとする住民等の生活を守り支えるための被災者の生活支援等に関する施策の推進に関する法律。以下,支援法とする)」が成立した。当事者からの声に応える形で,超党派の国会議員が,議員立法で成立させた法律であり,全会一致での成立であった。しかし,この法律は,いわゆる理念法であり,具体的な対象地域や支援策などの重要な部分が「基本方針」で決められることとなっており,法律が成立しただけでは,人びとの生活の助けとはならない。支援対象地域や基本方針は,復興庁が定めることとなっているが,2013(平成25)年2月現在,いまだ基本方針は策定されていない。

支援法は,「避難する権利」を認めた画期的な法律である。避難する権利は,避難を指示したり義務とするものでもない。避難する選択も留まることも,どちらを選択しても,いずれの場合にも,自己決定権を尊重して,国が責任を持って支援することをうたったものである。支援法は,「放射線が人の健康に及ぼす危険について科学的に十分に解明されていない」,「被災者一人一人が第八条第一項の支援対象地域における居住,他の地域への移動及び移動前の地域への帰還についての選択を自らの意思によって行うことができるよう,被災者がそのいずれを選択した場合であっても適切に支援するものでなければならない」として,他の地域への移動との表現で,その選択を自らの意思によって行うことができるよう支援すると,明確に避難する権利を認めている。

避難する権利と，留まって防護する権利のそれぞれを認める法律。この法律を実効的なものにしようと，子ども・被災者支援法ネットワーク，子ども・被災者支援法市民会議などが立ち上がり，現在も，ロビーイング活動などが積極的に行われている。

(7)「自己決定権」という問題

　支援法は，自らの意思によって選択できることをうたい，その点画期的である。しかし，子どもたちは，自らの意思で選択するのではなく，その監護する親の選択に委ねられる。それぞれの家庭において，子の意思をどの程度，どのように反映させるかは，さまざまである。

　放射線の影響が科学的に十分解明されていない中，個々の自己決定を尊重する前提としての情報が，十分ではない現状もある。また，IT 普及による今日の情報化社会において，情報へのアクセスには，相当な格差がある。情報格差が被ばく格差につながりかねない状況と言える。さらに，放射線の影響という科学的，医学的な専門性が高い問題について，正確な理解をすることもむずかしい。

　そのような現状で，国家が介入すべき，いわゆるパターナリズムがどの程度発揮されるべきかという問題に対しては，大きな考え方の違いがあり，その違いによって，お互いが責め合ったりするという分断も生じている。具体的には，あるグループは，福島県内の特に中通り地方のような，空間線量で放射線管理区域に指定されるような高線量の場所に，子どもたちが生活すべきではないと主張して，国が積極的に関与して，個々の判断に委ねること

なく，強制的な避難，具体的には集団疎開を求める運動を展開している（疎開裁判）[6]。また，あるグループは，強制的な避難の負担が大きすぎることに鑑み，避難する権利を付与するに止めるべきであると主張する。さらに，その他のグループは，避難指示が出されていない以上，安全安心である福島県内に避難者が早期に帰還できるよう，風評被害を払拭し，安心をアピールすべきであるとし，混乱を招かないよう，放射能のことをことさら話さないようにという，逆の方向での介入を求める。

それぞれのグループが，それぞれ，真剣に子どもたちの未来を考えた結果の結論であると，私は信じているが，介入の度合いや個人の意見の尊重の程度に対する大きな差違によって，お互いのグループの言動を批判し合う場面も少なくない。どの考えも，それぞれの考えとして受け止め，尊重する土壌が形成されることこそが，現在の日本には，大切なことではないだろうか。

こんなエピソードがある。私は震災時妊娠しており，震災直後，福島市への仕事に行きたくないと漏らした際，「住んでいる人に失礼だ」とたしなめられた。また，避難を支援するある活動に参加しようとした際，私が妊婦であることを告げたところ，すぐに避難しなければならないとアドバイスをされた。避難しないことは，大人の身勝手である，お腹の子どもの声だけを聞いて判断すべきである，とも言われた。

2つの事例で，私に語りかけられた言葉は，どちらも，だれかを想っての発言であり，だれかを傷つけようとした発言ではない。一方で，そういった発言で，大きく傷つく人がいることも事実である。私たちは，他人に迷惑をかけないようにしましょうと教え

られ、育ってきた。いろいろな人の気持ちに配慮して生きていくことは、社会で生きていく上で、とても必要なことである。しかし、その配慮ばかりに目をとられることで、失われてきたものもあったのではないか。相手を傷つけることなく、人格を攻撃するのではなく、議論をする、検討をする、そういった訓練が、これからの社会には必要なのではないか。放射能に関して、いろいろな分断の場面を見るたびに、そう思えてならない。

　また、自己決定の前提として、選択肢が現実的に実現可能であることが、必須の前提である。現在の区域外からの避難は、住宅ローンと避難先の家賃の二重の負担や、子育てを母子もしくは核家族で担わなければならないなど、さまざまな代償をともなう。住宅ローン減免の制度や、病児保育の充実など、さまざまな受皿があってはじめて、人は、自由な意思で「選択」できたと言える。

　さらに、自己決定にあたって、避難にまつわることを、だれとでも「議論できること」も重要である。今、放射能にまつわること、避難にまつわることを、話せる空気がないこともまた、大きな課題である。

(8) 避難する不自由か、とどまる生活での不自由か

　2013（平成25）年1月22日に行われた、子ども被災者支援法ネットワーク主催の院内集会にて、区域外からの避難者が「避難は、つらいです」と涙ながらに訴えた。故郷の福島では、客観的には震災前と変わらないかの生活が続いている。その生活を、仕事を手放し、子どもたちを転校させ、見知らぬ新たな土地で生活を始める苦悩は、経験する者以外にはわからないことだと思う。しか

し，その想いに寄り添うことが大切ではないか。

　原発事故後，親が直面し，せまられた判断は，従前と同じように子どもたちが豊かな自然とふれ合ってのびのびと成長するのを見守る生活ができないことの不自由さ，将来の健康被害への不安と，避難する不自由さとの，比較衡量である。どの選択をしても，すべてが解決するわけではなく，それぞれの生活での苦悩は続く。これらの不自由さをいかに解消していくか，それが，支援法に求められる役割であり，国民がみな当事者として取り組まなければならない課題であると言える。

(9)「正しく怖がる」？

　震災直後から，さまざまなところで，「放射能を正しく怖がりましょう」との表現が用いられてきた。暗に，不安を訴える親たちのことを，「パニックに陥っている，冷静でない親」と扱っているかの表現である。

　一方で，「低線量被ばくの影響は解明されていません」と指摘し，「影響が解明されていない以上，『正しい怖がり方』というものは論理的に成立しません」と指摘する学者もいる。

　しかし，国は，「正しい知識」は，国が国民に与えているとの立場をとっている。文部科学省が出した「放射能を正しく理解するために　教育現場のみなさまへ」には，「避難指示の出ていない区域に暮らしていれば，健康被害もありません」，「学校から正しい知識と情報をもらって，毎日，明るく楽しく，仲良く，安心した生活を送ることが心身の病気を防ぐ一番良い方法です」と明記されている。

学校以外からの情報は正しくない，避難指示のない区域で健康被害を心配することは間違っており，おかしいと指導をするように，と読める。

　また，放射能よりストレスの方が身体に悪いと，いろいろなところで言われている。福島県では，これまで，「不安を煽るな」という発言がいろいろなところでなされてきた。しかし，この「煽るな」という言葉は，住民や子どもたちを馬鹿にし，見下す発言だと感じられてならない。その上，事故後，原発事故に一切ふれない原発に関する授業が小学校で行われ，また，放射線の副読本にも，一切原発事故についてふれられていないことが明らかとなり，国への不信感はさらに高まっていった。

　これらの政策の結果，住民の間に生じたのは，不安を感じることさえ「悪」なのだという思い込みであり，不安を語れないという精神的負担であり，重大なことを隠されているのではないかという疑心である。むしろ，親たちの不安を煽り，親たちや子どもたちを追い詰める結果を招いているのではないか。

　前述したように，支援法は，この点を明確に否定してくれたものと，私は理解している。

(10) 私たちが子どもたちにできること

　私たちには，いろいろなことを知り，考え，判断する力があるはずだ。特に，子どもたちの能力は，私たち以上にたくましい。子どもには，生きる力がある。困難に打ち勝つ力を持っている。私たち大人の使命，役割は，子どもたちのそれらの力を，育てることではないだろうか。

震災後，子どもたちは，子どもたちなりに，いろいろなことを感じ，考え，友だちと話し合ったりもしている。震災後，避難に悩んだり，放射能の問題に必死に取り組んできた親の姿を見ていた，ある小学3年生は，文集の「願いが一つ叶うなら？」の質問に対して，「地震と原発と戦争のない国になってほしい」と記入した。子どもながらに，自分の夢ではなく，国の未来を語る姿は，子どもらしい生活をさせてあげられていないのではないかという不安と，将来を担う子どもの頼もしさの双方を感じさせる。

　これから，私たち大人以上に，長い長い時間，放射能と向き合い続けなければならない子どもたちに，私たち大人が今すべきこと，残してあげたいもの。これからも，私は，子どもたちとともに考え続けたい。

　子どもたちと，日常接する学校教育関係者にも，子どもたちの生きる力を育む指導を期待したい。

〈注〉
(1) 福島県農業総合センター「平成24年度農業分野における放射性物質試験研究成果説明会（第2回）資料」平成24年10月29日。
(2) SAFLAN 福島の子どもたちを守る法律家ネットワーク（Save Fukushima Children Lawyers' Network：略称 SAFLAN）http://www.saflan.jp/
(3) 「原発事故によって生じた放射線被ばくの被害者に対する恒久的な対策立法の制定を求める立法提言」http://www.saflan.jp/opi/580
(4) 「原発被災者支援のための早期立法を求める要望書」http://www.saflan.jp/opi/587
(5) 河崎健一郎・菅波香織・竹田昌弘・福田健治『避難する権利, それぞれの選択』岩波書店, 2012年。
(6) 「ふくしま集団疎開裁判ブログ」http://fukusima-sokai.blogspot.jp/
(7) 山下俊一監修『正しく怖がる放射能の話——100の疑問「Q&A」長崎から答えます』長崎文献社, 2011年。

(8) 福島大学放射線副読本研究会「放射線と被ばくの問題を考えるための副読本——"減思力げんしりょく"を防ぎ，判断力・批判力を育はぐくむために」。他，同様の指摘をするものとして，吉川肇子「リスク・コミュニケーションのあり方」『科学』岩波書店，2012年1月号。
(9) 文部科学省「放射能を正しく理解するために」平成23年8月19日改定。http://radioactivity.mext.go.jp/ja/contents/1000/105/32/1305089_0819_1.pdf

3　広域避難の子どもとともに
　　——新たな"つながり"のきっかけを求めて

(1) 元気に見えていた子どもたちの変化

　東日本大震災後には，関西に広域避難をされてきた方々も多く，その中には当然，子どもたちも含まれる。2013（平成25）年3月で2年が経つが，関西に広域避難をしてきた子どもたちは今，どのような暮らしをしているのだろうか。

　筆者は，関西でSSWrとして活動していたことから，東日本大震災後，関西に避難してくる子どもたちと学校で出会う可能性を考えて，仲間のSSWrたちと，被災児童の転入時の受け入れについて話し合っていた。その中でわかったことは，2011（平成23）年6月頃の時点では，被災児童の学校での様子は，「何かあれば，SCやSSWrにも協力をお願いしたい。今のところは元気に登校しているように見えます」ということが多かったことだ。このような状況はその後，2学期に入っても続いた。筆者は，子どもの困りごとがわかるのは，もう少し後になってからかもしれないと思っていた。それは，その時点では元気に登校していても過適応の可能性もあるし，その見きわめについても，以前の学校

との引継ぎや連携も容易ではないため，この時点で判断できないこともあったからだ。⁽¹⁾

2012（平成24）年度に入った夏頃（2学期頃）から，以前とは異なる子どもたちの様子が，広域避難者や支援者が集まる企画に参加している学校関係者から聞かれるようになった。たとえば，小学生では「いつも一人でいて，集団になじめない様子」，「転入してきた当初はおとなしかったが，半年くらいして，他児をいじめることが増えてきた」，「人のものを隠すことが多くなった」，「気に入らないことがあると，大声でわめいてなかなか落ち着かなくなった」，「休みがちになっている」。中学生では，「非行グループに入ってなかなか学校に来ない」，「不登校になっている」などである。

そして支援者の共通した悩みは，このような子どもにケアが必要だとは思うが，どう接してよいのかわからないというものであった。たとえば，「津波や地震にあったことにふれていいのだろうか」，「放射能からの避難で来られたようだが，くわしいことはわからない」，「子どもへの対応について，保護者と協力していきたいが，母親となかなか連絡がとれない」，「子どもが関西弁になってしまってさみしいとお母さんに言われた」などである。

このような子どもたちの状況に，SSWrをはじめ，学校現場にかかわる私たちには，何ができるのだろうか。また，学校現場を超えて，広く子どもにかかわる者たちは，何を知り，どのような理解を共通に持つべきだろうか。本節ではこの問いについて考えていく中で，今後の広域避難の子どもや家族との新たなつながり方を探してみたい。

（2）生活環境と学校環境の劇的な変化

　前述のような子どもたちの変化をどのように捉えればよいのだろうか。「どのようにかかわるのか」の前に，まずは子どもや家族が置かれている状況に思いを馳せることが重要だ。

　一般的に，子どもが「転校」して，新しい学校に「転入」するということは，生活形態と学校環境の両方が変わるという意味があり，どの家庭でも新しい土地で生活を整えるまでには時間がかかる。そのため，子どもが新しい学校に慣れ，その地域で，より良い人間関係を築いていくためには，以前の環境から新しい環境への移行にあたっての調整が重要となる。また，保護者へのサポートも重要だ。保護者の生活が整わなかったり，保護者自身が不安な状態で生活していることが，子どもの学校生活にも大きく影響するからである。

　「生活形態」の変化というのは，子どもたちがだれとどのような場所で生活することになるのかということだ。家族単位での引っ越しはイメージしやすいが，ほかにも，子どもたちだけが親元を離れて暮らすことがある。たとえば，親せきや祖父母，里親などに引き取られる場合，児童養護施設や児童自立支援施設等の児童福祉施設への入所措置の場合である。また，病院への長期入院の場合などは，生活の大半は院内ということになる。

　今回の震災にともなう子どもたちの生活形態は突然変化し，おおよそ想像を絶する状態が続いている。震災で両親が死亡・行方不明になった孤児たちの多くは，祖父母や親族に引き取られている。親族の7割が里親認定を受けたことも特徴だ[2]。また，家族単位で転居した人もいれば，家族がバラバラに暮らさざるを得ない

場合もある。仮設住宅での暮らしが続いている人もたくさんいる。それにともなう，保護者の仕事の変化がある。

このような状況の中で，転校先の新しい学校生活が始まる。文化や言葉など生活環境が大きく変わることに加えて，友だち，先生，ルール，教科書，給食，などさまざまな学校生活の変化がある。中には，福島県大熊町のように，町単位で移住をし，会津若松市内の校舎を使って大熊町の学校として再開させたという地域もある。暮らしのカタチが激変してしまったのである。だからこそ，目の前で出会った子どもの生活背景に思いを馳せ，現実に子どもや家族とつながる方法を正面から考えることが欠かせないのである。

(3) 関西で，広域避難の子どもに出会うということ

1) 原発事故にともなう放射能汚染の影響

関西への避難者には，30〜40歳代の方で，乳幼児や小学生の子どもと避難してきた世帯が多いという特徴がある。子どもへの放射能の影響を心配しての避難である。その中でも，夫は被災地で仕事をしていたり，祖父母は自宅を守るために被災地での暮らしをされているなどで，母子で避難されて来た家庭が多い。子どもが外で遊べない，鼻血が止まらない，水道の水が飲めないという思いからの避難が多いと聞く。そしてこのような家庭は，福島県からだけではなく，東京都，千葉県，茨城県など関東からの方もおられる。いわゆる自主避難者と呼ばれる方々だ。

NHK大阪「関西ラジオワイド」とNPO法人街づくり支援協会の調べによると，関西2府4県の公営住宅などに県外避難をし

第3章　地域を越えて子どものしあわせを守るには

ている人は，2011（平成23）年5月16日時点では，674世帯，2,015人であった。それから1年半が過ぎた2012（平成24）年12月19日現在，865世帯2,178人となっており，100名ほど増えている。この中には子どもの数も含まれている。ただし，この数値は公式ルートによるものであり，自主避難者数は含まれない。これほど多くの方が関西に避難をしてきておられるが，別の視点から見ると，関西の多くの学校には被災地からの転入生はいないという人数でもある。転入生がいる学校や幼稚園，保育所であっても，1世帯か，2世帯という人数であることが多いのだ。また，先の数字には自主避難の方の人数は含まれておらず，正確な人数はわからないし，何度も転居を繰り返している家族もあったり，避難してきたことを言いたくないという家族もある。

つまり，関西で，広域避難の子どもに出会うということは，このような状況の中で，避難者の方々とすでに「出会っている」かもしれないということである。特に，子どもとなると，かなり意識しなければ，出会っているという可能性に気づくことはできない。まずは，この前提を共有しておきたい。

2）保護者の思い

大阪弁護士会災害復興支援委員会が，2012（平成24）年3月～7月に行った「大阪府下避難者聞き取り調査」の結果がある。対象は，大阪府下避難者で，大阪弁護士会の相談や原発説明会の参加者，自治体相談会への参加者へ協力依頼をして応諾された方，もしくは，大阪弁護士会ニュースに同封した聞き取り調査の協力願いに応諾された方85世帯，210名である。

その中の質問に「自由記述欄（避難生活での苦労話等，言いたい

こと，伝えたいことなどを自由に)」というものがある。その回答結果は，201件あり，表3-4の14のテーマ別に整理されている（アルファベットは後述の整理上筆者が加えた）。

　筆者は，この自由記述の中から，あらためて，「子ども」または「子供」，「娘（母子避難と文章から推測できる）」，という単語が含まれている記述を取り出してみた。その結果，実に，46件もの「切実な子どもへの思い」が浮かび上がった。その一部を表3-5に示す。[(4)]

　これらの記述からは，母子避難で夫と離れて暮らすことからくる子どもへの影響を心配する気持ち，経済的に二重生活を強いられることへの苦労が伝わってくる。また，そのような状況について，身内から理解をされなかったり，地元の知人から非難されてつらいという思いも語られている。また，慣れない関西の土地で寂しさを抱え，子どもにあたってしまったり，お酒が増えている様子もうかがえる。

　そして何よりも，これらの不安がいつまで続くかわからないという見通しを持てないことから来る不安や怒りが，どの記述からも痛いほどに伝わってくる。

　3）保護者の不安が子どもに与える影響

　この保護者が抱える不安は，子どもにも影響を与える。兵庫県こころのケアセンターの加藤寛が阪神・淡路大震災から7年後に行った調査では，保護者の不安が高いほど子どもたちの不安は高いという結果となったと報告されている。その上で加藤は，保護者の不安と子どもの不安の関係を次のように指摘している。

　「保護者の不安というのはこの場合，被災の大きさや生活再建

第3章 地域を越えて子どものしあわせを守るには

表3-4　自由記述結果の分類

避難時の状況	A
仕事・雇用について	B
健康面や放射線被曝への不安	C
母子避難のこと	D
子どもの健康などへの不安	E
住宅ローンについて	F
避難することに対する家族や地元の人の無理解	G
避難先での生活	H
避難先での人的交流・孤立	I
避難者支援への情報について	J
避難元の居住地（故郷）への帰還について	K
現在の心境	L
東京電力・東京電力に対する請求	M
大阪弁護士会・弁護士への意見	N

出所：アンケート結果一覧をもとに，筆者が作成。

のむずかしさですが，そういう状況でも親がきちんと乗り越えている姿を見せていると，子どもも安定していけるのです。要するに，親が安心できる存在で，安全な環境が整うほど，子どもは回復していく。それが子どものしなやかさだと思いますね。そのためにも，外堀を埋めるといいますか，しなやかさが発揮できる環境がないといけないのです」。(5)

　ここで，あらためて先のアンケートにある保護者の不安を見た時，子どももまた，不安の高い生活を余儀なくされているだろうことが推測できる。それが，関西への広域避難者の多くが抱えさせられている不安の高さなのである。加藤もまた福島が抱える問題として，2011年3〜4月の時点で次のように述べている。

　「福島が抱える問題は，放射能の不安だけではありませんね。

表3-5　広域避難者の子どもへの思い

・シングルマザーだが，自分しか子どもを守れないという気持ちが強い。	D
・子どもが幼いころから父親と離れて過ごしていることの影響が心配である。なぜ父親と別に暮らすのか疑問に思っていると思う。原発のことは詳しくは伝えていない。	D
・子どもと二人きりで，ずっと二人でいると，子どもにあたってしまう。そして，自己嫌悪になる。病気の時や自分の時間を作るために，子供を短時間でも預かってくれるような場所が欲しい。そのような人的つながりもない。ベビーシッターを頼む経済的な余裕はない。	D
・子どもと二人きりで，自分が病気になったときにどうなるのだろうかと思ってしまう。子どもと餓死してしまうのではと不安になったりする。	D
・子どもが，子どもながらに父親と別々に暮らしていることについて気を遣っているようで，つらい。	D
・（母子避難で）父親と離れて暮らしており，連休ぐらいしか子どもと父親は会えないが，このような状況が続くことが，子どもの教育に影響を与えないか心配になる。	D
・地元に残っている夫が，避難前は欠かさず参加していたのに，今は，なかなか幼稚園等の行事等に参加できないことも辛い。	D
・幼い子どもは離れて暮らす夫になつかない。	D
・地元では，放射能から子供を守れない。地産地消といって地元のものを食べるけど安全なのか不安。昨年4月頃，チェルノブイリの研究をするNPOの方から「〇〇の牧草は危ない」と言われた。	E
・子どもがまだ小さいし，放射能の影響が遺伝したら怖い。隔世遺伝だけでなく8代目まで遺伝するといわれてとても不安。何年後かに健康被害が出たらすごく不安。	E
・被災当初，放射能漏れのことを知らず，食糧を購入するために子どもと一緒に外に何時間も並んでしまった。物資不足であったとはいえ，情報がきちんと出されていて，放射能のことを知っていたら，そのようなことはしなかったと後悔している。	E
・子どもの学校問題　イジメ。	E
・震災時，避難を余儀なくされ，子どもの大阪の高校を探さなければならなくなった。〇〇市と教育委員で説明が異なり，混乱した。結局，入学数日前に試験を受け，震災直後の大変な時期でもあり大きな負担となった。	E
・大阪で初めて一人暮らしをして，土地勘もなく，言葉も違う中で，眠れないほどの孤独を感じました。原発事故まで幸せに暮らしていたのに，どうして自分はひとりで大阪にいるのか，どうしてこんな思いをしなければならないのかと我慢しようとしても辛くてたまらなかった。子どもの笑い声を聞くと自分の子	L

第3章　地域を越えて子どものしあわせを守るには

　どもに会いたくて，夜に思い出しては知らずに涙がこぼれて眠れないことも多くありました。
・子どもを遺して避難してきたことに罪悪感がある。　　　　　　　　　　　　　　L
・福島の家では家族がそろって生活できていた。今は，バラバラになってしまっ　　L
　た。もう元に戻ることはできない。自宅から結婚式に送り出すのが夢だったが，
　適わなくなってしまった。今は親としては，子どもが行きたい道を進んでいく
　のを見守るしかない。
・原発事故がなければ，仕事を失ったり，家族がばらばらになったり，子どもが　　L
　転校せずに住んだ。
・辛いが，子どものためにも自分が強くいないと。　　　　　　　　　　　　　　L
・自分は，福島から避難してきたが，自分より幼く，放射線の影響を受けやすい　　L
　近所の子どもはたくさん残っている。その子たちの健康被害も心配だし，自分
　だけ避難してきたことを申し訳なく思ってしまうこともある。
・新居が完成した直後に原発事故が発生した。子どもの健康を考えて，（区域外　　F
　ではあるが）避難した。もう地元には戻らないつもりである。ローンは払い続
　けているが，今後の支払いについて，悩んでいる。
・離れて暮らす夫や実両親が，子どもの健康への不安を理解してくれず，孤立感　　G
　がある。何かあったときにいつでも住居内に長期滞在できるように食糧を蓄え
　ていたり，更に遠方へ避難できるようにスーツケースに荷物をまとめている。
・東京に移動して，都民がナーバスになっていると感じた。ミルク・お茶の問題　　H
　など。母親の立場からいうと当然の心配だと理解できたが，動きが学校単位ま
　で広がっており（報道されていた）福島の子どもらに対する差別などがあって
　もおかしくないと思った。
・関東に避難した人からは，子どもがいじめにあったり，福島ナンバーの車のタ　　H
　イヤがパンクさせられたり，「放射線がうつる」と言われたり，喫茶店で隣の
　席の人からコップの水をかけられたり，嫌がらせを受けたという話を聞く。
・生活が寂しすぎて，子どもを寝かしつけて，一旦は寝るが，夜中3時くらいか　　I
　ら起きてしまい，お酒を飲んでしまい，大阪来てから大幅に体重が増えてしま
　った。前は月2回が週4回ぐらいになった。仕事をしていないためか，夜中に
　目が覚めてしまう。
・子どもと公園などに行っても，春になってバーベキュー等をして楽しそうにし　　I
　ている人達がいると，避難前の職場で楽しかった時等を思い出して悲しくなる。
　職場の人もばらばらになってしまった。

出所：2012年7月21日　第25回日本弁護士連合会司法シンポジウムプレシンポジウム
　　『避難者支援法制の確立に向けて──広域避難者の実態調査を中心に　第2分
　　冊』から一部引用。

先行きがまったくわからないことから来る不安や怒り，そして，家はそのままあるのに離れなければならないという悔しさを多くの方が感じているでしょう。原発に近い地域では，原発関連の仕事をしてきた人も多いので，原発とあまり関係のない人との間に複雑な葛藤が生じるでしょう。補償の問題が，葛藤をさらに深めることもあるかもしれない。県外に避難した方たちをどう支援するのか，ということも考えなければなりません」[(6)]。

加藤の指摘にある，補償問題や原発に対する考え方の違いなどは，広域避難者同士の間でも葛藤を深めている事実がある。さらに，放射能汚染に対する考え方については，放射能から避難してきた方々と，関西に暮らす「原発とあまり関係のない人」との温度差もうみ，そのことで孤立感を深めておられる方もいる。

では，それはどのような温度差なのだろうか。そのひとつとして，放射能に対する不安がよくわかるエピソードがある。関西で，広域避難の子どもと家族の支援を継続して行ってきた山中の言葉を紹介する。

「今回の震災で最も特徴的なこととして，放射能の問題があります。母親が放射能汚染から子どもを守ろうとする気持ちを最優先していることで，給食など食材の放射能汚染から子どもを少しでも遠ざけようと弁当を持参させるケースがあります。外食や，お店でお菓子などを購入し食べることを極端に制限する保護者もいらっしゃいます。通常ならば子どもは，他の子どもと同じような生活を送りたいと思っているはずです。子ども

の思いと保護者の思いとの間で、大きな乖離が一部で存在していることも事実です。『お母さんはわかってくれない。自分がいいと思っているだけで、避難なんて頼んでいない。私のためっていうけど』これは中学生の女子生徒の言葉です。

　しかし、このような状況は母親の責任ではなく、目に見えない放射能汚染とその危険性を判断する明確な基準がないことや、将来どのような影響が子どもに表れるわからない曖昧な状態が、母親や子どもの不安を増幅させているのが一番の問題なのです。支援する側は子どもの気持ち、親の気持ち双方を大切に考え、寄り添いながら、避難している方々が前に進めるように関わっていく必要があると言えます」[(7)]。

　山中が言うように、今回の放射能汚染については、その危険性を判断する明確な基準がなく、そのことが人びとの不安を増幅させている。放射能の影響を過小評価してはいけないが、「わからないこと」で過敏に不安になりすぎることが、子どもの成長発達に与える影響があるということも同時に考える必要がある。そしてこの、「過敏に不安にならざるを得ない環境」は、関西に暮らす私たちが、福島をはじめ、避難されてきている方たちの背景を知らなさすぎることによってつくり出してしまっている側面があることも忘れてはなるまい。

4）子どもの思い

では、子どもたちは今回の避難にともなう転校をどのようにとらえているのだろうか。

被災地の子どもたちの声については少しずつ紹介をされ始め、

子どもも「一人の人間として」多くのことを考えており，その気持ちを語ったり，表現したりすることで，明日への一歩を踏み出そうとしている姿がわかる。そこに共通しているのは，過酷な状況であっても，不安や怒り，毎日の生活のこと，ちょっとうれしかったできごと，などを受け止めてくれる人の存在があるということだ。それはかならずしも親や家族とは限らない。家族が生活を立て直そうとしている姿を見ているからこそ，家族には話せないこともあり，そのことをわかってくれている先生や，地域の人や友だちと話題を共有している様子も伝わってくる。[8]

　この観点から言うと，関西に住む広域避難の子どもたちには，そのような存在が圧倒的に少ない。そもそも文化圏の違いや言葉の壁も大きい。「(関西弁は)何を言われているかわからない。こわい」と言っていた子どもたちもいた。子どもが安心して言いたいことを語れる環境がきわめて少ないということの表れである。

　その子どもたちが，避難当初からずっと支援を続けてきている民間団体や，NPO などのスタッフ，学生ボランティアの前では，持って行き場のない気持ちを遊びや食事をとる時に語るという。たとえば，「大阪には来たくなかった」，「友だちとさよならしていない」，「福島に帰りたい」，「お父さんとお母さんがけんかばかりしている」，「それ，(お菓子を指さして)放射能がついているんだよ」，「ファミリーレストランに行きたいなぁ」，「どうしてぼくばっかりがまんしないといけないの」，「イライラする」，「みんながいじめる」などである。

　これらの言葉は，保護者が聞くととても悲しむことかもしれない。そしてもちろん，子どもたちは，そのことをよく知っている。

知った上で、これらの言葉が自然と語られるのは、そばにいる支援者が、子どもたちの親を責めないという安心感を持っているからだ。自分の大好きな親の大変さを理解しようとしている支援者の姿を見ているからでもある。

（4）保護者の不安と子どもの行動——そして周囲の環境と

　ここで、先に挙げた、学校で見える子どもたちの行動に目を向けてみる。転入当初は、学校では「元気に過ごしていた姿」というのは、実は「とてもがんばっていた」、あるいは過適応状態の中で「がんばりすぎていた」可能性が高い。それは多くの転入生が一時は経験することかもしれない。ただし、ほとんどの場合は、家族がその土地での安定した暮らしを営んでいくにつれて、自然と子どもも新しい生活に慣れていく。

　しかし、保護者の不安が軽減する見通しがなく、むしろ増大するような家庭状況においては、子どもに目を向ける余裕が持てない。また、そのことに気づきつつ、「子どもとゆったりと過ごす時間をとれていない」と自分を責めておられる方もいる。それに加えて、多くの時間を過ごす学校などの場で、子どもが自分の気持ちを受け止めてもらっているという実感を得られていないとすれば、「がんばりすぎている状態」に疲れ、その場にいることの意味を失ったとしても不思議ではない。そうだとすると、「集団になじめない」、「他児をいじめることが増えてきた」、「人のものを隠す」、「大声でわめいて落ち着かなくなった」、「不登校になっている」という子どもたちの状態は、「私の気持ちを受け止めて！」というSOS行動なのだ。それが震災による影響かどうか

は単純にはわからない。しかしいずれにおいても重要なことは,「わかってもらえなさ」は,何よりも孤立感を生むということを前提として,「子どもの思い」を受け止めるような環境を整えていくことである。

　このことは保護者に対しても言える。「子どものことを思って避難してきたのに,周囲の人にわかってもらえないように感じる。私は何のために,避難してきたのかな」と言ったあるお母さんの言葉は忘れられない。孤立はますます不安を高める。そうならないためにも,まずは,保護者と協力をしながら,子どものことを中心に考えていくことこそを大切にしたい。言い換えるとそれは,加藤の言う,「外堀を埋め」て「しなやかさが発揮できる環境」を学校の中にも積極的につくっていくことでもあり,私たち学校現場にかかわる支援者としての使命でもある。

(5) 孤立を防ぐために何ができるか──可能性に焦点をあてて

　ここまで,関西の広域避難者を取り巻く環境と,「私たちの暮らし」の接点で何が起こっているのかという現状を紹介し,SSWrをはじめ学校現場にかかわる支援者に必要な視点について考えてきた。そのことをふまえて,本項では,学校現場にとどまらず,広く,子どもにかかわる者たちに,何ができるのか,すでに行われている活動を紹介しながら,可能性に焦点をあてて考えてみたい。

　1) 子どもと保護者と学校と直接つながる── NPO の活動

　NPO 法人み・らいずでは,関西への母子避難者が多数を占める現状をふまえ,2011 (平成23) 年11月から「東日本大震災によ

る県外避難中の子ども達への相談支援事業」を開始しており，「ソーシャルワークをベースとした個別相談」や，「避難中の子どもの居場所づくり」を行っている。

事業実施前は，行政が民間のNPOに対して個人情報を開示することが法的にも困難な状況であり，避難者がどこに住んでいるのかわからなかったという。そこで，み・らいずスタッフは，地域で開催されているさまざまな避難者交流会に出向き，多くの人や支援団体と交流をする中で，事業を周知していき，子どもに関する相談事案が持ち込まれるようになったという。そして，中には，保護者の要望から，子どもの所属する学校園とも連絡をとって，保護者とみ・らいずスタッフと学校の教員とで，子どもへのかかわりをともに考える機会を持ったこともあるという。

この一連の活動は，「ソーシャルワークをベースとした個別相談」という名称にもあるように，ソーシャルワークの理念にもとづいているところに特徴がある。それは第1に，避難者の状況を理解するために，避難者交流会に出向いた点である。いわゆるアウトリーチ活動を早期の段階で行っていることが，のちの支援活動につながったと思われる。第2に，避難当事者のさまざまな声を直接聞きながら，子どもの状況や子どもを持つ家族のニーズにこたえようとした点である。「避難中の子どもの居場所づくり」などは，母親の要望をもとに，その場の持ち方などを相談しながらつくっていったものだという。そして第3に，み・らいずに持ち込まれた相談は，み・らいずだけで抱えるのではなく，その家族が生活する地域の中で改善していくためのサポートを行うという姿勢である。そのひとつが，子どもの生活の大部分を占める

「学校」とつながるというアクションからも見て取れる。

このような活動は，NPO が展開するコミュニティソーシャルワークの活動としても位置づけることが可能ではないだろうか。

2）学校や福祉関係者とともに考える――広域避難の子どもの転出入について

NPO 法人み・らいずのもうひとつの事業に，学校の先生や福祉関係者向けの研修というのがある。この事業は筆者をはじめ，数名の SSW，SC，弁護士との協働事業として実施している。事業の目的は，これまで本節で紹介してきたような，広域避難の子どもたちとその家族が置かれている現状を学校現場に伝え，子どもやその家族への具体的かかわりを一緒に考えてもらうためである。というのも，冒頭に紹介したように，学校現場では，広域避難の子どもたちが抱えている気持ちや背景をなかなか知る機会がない。それは学校関係者が努力をしていないのではなく，知り得る機会が皆無だということがある。そこで，筆者らは，数校の学校に働きかけ，教職員研修の場で，これまでの活動と広域避難の子どもたちの生活を創作事例もとに紹介する機会を得た。そして，教職員とともに考えるテーマとして，「子どもの転出入の時に，学校関係者が配慮できること」を設定した。

研修実施後のアンケート項目で，「今回の研修を受けて興味を持たれたことはありますか？（複数回答可）」と尋ねたところ，ある研修においては図3-6のように，震災後の避難者や支援者のことに興味を持った人が多かった（研修参加者35名程度，アンケート回答者28名）。

プログラムの内容について，良かったと回答した人の理由とし

第3章　地域を越えて子どものしあわせを守るには

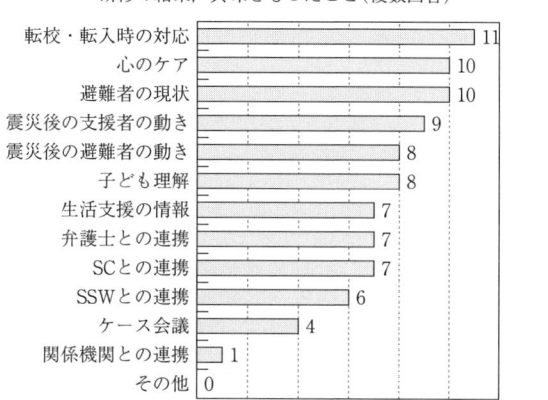

研修の結果，興味をもったこと（複数回答）

- 転校・転入時の対応　11
- 心のケア　10
- 避難者の現状　10
- 震災後の支援者の動き　9
- 震災後の避難者の動き　8
- 子ども理解　8
- 生活支援の情報　7
- 弁護士との連携　7
- SCとの連携　7
- SSWとの連携　6
- ケース会議　4
- 関係機関との連携　1
- その他　0

図3-6　研修後のアンケート調査結果（一部）

出所：筆者作成。

ては，「情報があまりにもないので，何を聞いても驚きであった」や，「立場の違う職種からたくさんの意見を聞くことができ，自分には何ができるのか，どうつなげるべきなのか考える良い機会になりました」という意見があった。また，他に聞きたい内容について尋ねたところ，「避難者の生活の現状や仕事がきちんとできているのか，地域社会との交流ができているのか心配です」というように，避難者の生活背景に思いを馳せる記述も見られた。

　筆者らは，これらの体験から，現状を伝えていくことの重要性と可能性を感じた。それは，広域避難者の状況について関心がないのではなく，それを知り得る機会がないことが，広域避難者と，「その他の地域住民」との間に，震災に関する温度差を生んでいる要因ではないかと強く感じたからだ。働きかければ，ともに考

えてくれる仲間が見つかる。そう信じられる機会でもあった。今後は，このような取り組みを広域避難者の方にも知っていただき，意見をもらいながら，展開していきたいと考えている。

3）福祉課題としての捉え直し——要保護児童対策地域協議会の可能性

先の研修は，要保護児童対策地域協議会の実務者に対しても行った。その最大の理由は，今回の広域避難者の現状を，子どもの虐待防止予防の視点から福祉課題として捉え直したかったからだ。広域避難者は避難地域での特別な支援はほとんどない。避難者は，現在の住まいにいつまでいられるか（公営住宅等を出なければいけない，いつまでも実家にはいられないなど）という住居に対する不安，福島にいる父と大阪での母子による二重生活からくる経済的負担，幼い子どもがいるため働き口がないという就労問題などがいくつも重なり合っている状態がある。さらには，家族が離れて暮らす中で擦れ違いが大きくなり，離婚問題に発展しているという話もある。そのような中で，「子どもに手をあげてしまった」，あるいは，「手をあげてしまいそうになる」という母親の苦悩の声も聞かれる。

この状況から推測されるのは，経済的困難，ひとり親家庭が抱える困難，不安が高まることによるメンタルヘルス上の課題，慣れない土地で理解者がいない中での生活などの虐待リスク要因が重なっていることへの強い危惧である。また，広域避難者が孤立している状況が続くと，子ども虐待の危険性がさらに高まってしまう。あるいはすでに，そのような状況も生まれてしまっているかもしれない。そのような状況に陥らせないためにも，これらの

問題は,「広域避難者への支援」という枠を超えて,ひとり親家庭が抱える課題,里親家庭の抱える課題,保育所の待機児童問題,就労支援のあり方など,幅広い福祉的課題として議論を始めねばなるまい。すでに述べた視点から,今回の広域避難の状況を子ども虐待防止の視点から捉え,要保護児童対策地域協議会を活用しながら,地域で支えるあり方を模索することもまた喫緊の課題である。

4）地域住民の力

さらに予防的な視点として,広域避難者が新しい土地に来た時に,どのように迎えられることがその土地での人間関係を築きやすくなるのかという視点からも,地域住民が話し合うことも有効であろう。それは何も特別なことを話しあうというのではない。たとえば,神戸には「みちのくだんわ室」という県外避難者向けにさまざまな企画や憩いの場を提供している団体がある。その1年の活動記録が出版されており,その中である女性は,「『みちのくだんわ室』は,石東さんが市営住宅の自治会を訪ねてきてくれ,つながりができました。『やってあげている』という感じがなく,『神戸にようこそいらしゃいました』という接し方がうれしい」と書かれている。[9]

支える者と支えられる者が,「同じ地域に住む私たち」という関係になっていくような,そんな空気がとても尊いものだとあらためて気づく。児童委員や自治会の方たちと,自然に出会える場が早い時期にあることが,温かみのある人間関係を育む出会いとなるのだろう。人はみな,ただ守られるだけの存在ではない。支えられる者から支える者へ,そしてある時はだれもが支えられる

者になるという当たり前のことを今一度,心に留め置きたい。

(6) 暮らしをつなぐ共通項を求めて

 以上,関西で暮らす「広域避難者の暮らし」と,「私たちの暮らし」との接点で何が起こっているのかという視点から,今後の広域避難者とのつながりのカタチを探してきた。このような視点で,「私たち」の暮らしを見つめた時,それぞれの震災への向き合い方があるのだと思う。そして,その中心に子どもを置くことによって,新たなつながりの可能性もわずかではあるが,見えてきたようにも思う。子どもは私たちにとって,大きな希望である。子どもたちが輝ける場がある地域は,大人にとっても魅力的な地域となり得る。そのような地域にするために,「私たち」ができることは何か。

 どのような過酷な状況であっても,この土地に来たことは間違いではなかったと思ってもらえるような「出会い」の場が増えることを願っている。これから先も,自分の暮らしと避難者の暮らしとをつなぐ共通の要素を見つけて,ともに考える土壌をつくっていくことを自らに課したいと思う。

〈注〉
(1) 関西での具体的な学校状況については,下記参照。金澤ますみ「子どもの視点から考える『県外受け入れ支援』の取り組みと課題」鈴木庸裕編著『「ふくしま」の子どもたちとともに歩むスクールソーシャルワーカー——学校・家庭・地域をつなぐ』ミネルヴァ書房,2012年。
(2) 「東日本の震災孤児7割,親族が里親に」神戸新聞朝刊,2013年1月4日。
(3) 武内敏英著,福島県大熊町教育委員会編集『大熊町学校再生への挑戦

――原発事故・全町避難 学び合う教育がつなぐ人と知域』かもがわ出版，2012年。
(4) 表中「〇〇」の表記は，原文では特定の地名が記入されていたため，筆者の判断で置き換えた。また，表中のアルファベットは表3-4と対応している。
(5) 加藤寛・最相葉月『心のケア』講談社現代新書，2011年9月，61頁。
(6) 前掲注(5)，41頁。
(7) 山中徹二「東日本大震災による広域避難中の子どもたちは，いま」『月刊生徒指導』学事出版，2013年3月。
(8) 森健『つなみ――被災地の子どもたちの作文集（完全版）』文藝春秋，2012年。
(9) 東日本大震災・暮らしサポート隊編『みちのくだんわ室――一年の記録』，2012年。

　　　　（第1節　中鉢博之，第2節　菅波香織，第3節　金澤ますみ）

第4章
震災復興への子どもの参加

1 子どもたちの声を「震災復興」の手がかりに
―― 「人間復興」をめぐる地域再生計画の視点から

(1) 私たちのことを私たち抜きには決めないで

これは障害者自立支援法への批判が広がる中で障害のある当事者から投げかけられた言葉である。つくられる制度や政策は障害者の生活に大きくかかわる問題であるにもかかわらず、その当事者自身が政策決定のプロセスに関与できていないことへの批判である。この言葉は、障害者の運動の中で出てきた言葉であるが、災害からの復興過程においても大事な視点であると感じる。政策決定のプロセスに当事者(被災者)が関与・参加・行動できるかどうか。復興予算の一部が被災地とはほど遠い場所や内容で使用されていたことが社会的に問題となったことを見ても、被災者自身が復興計画の策定や実施に携わる条件をどうつくるかが問われている。

とりわけて子どもたちに視点を移すと、ともすると「子どものため」という言葉によって、当事者である子ども自身の「声」や「要望」が軽視される現象が一部に垣間見られた。子どもたちの

「声」に耳を傾けようとすると,「子どもは自分では判断できない。大人が責任を持つべきだ」という言葉が,子ども支援の大人たちから聞こえてくると言う違和感を何度となく感じた。どんな発達段階にあろうが,子どもを「当事者」の一人として尊重し,「私たちのことを私たち抜きには決めないで」という視点で,もっと子どもたちの声や行動・しぐさに耳や目を傾けるべきであろう。

　ここでは,災害時における復興計画に子どもたちの視点をどう生かしていくかという観点で論じたい。

（2）東日本大震災で被災した子どもたち

　2011（平成23）年3月11日発生した東日本大震災から2年が経過し,3年目をむかえる。震災は一様に被害を及ぼすものではなく,その被害は高齢者や障害者,あるいは女性や子どもといった社会的弱者に及びやすいことはこれまでも数多く指摘されている。子どもたちに目を向けてみれば,震災によって親を亡くした「震災遺児」は,岩手県481人,宮城県877人,福島県142人[1]に及ぶ。また地震や津波により住宅を失われるなどし,地域で安心して生活する環境を奪われた状態に置かれた子どもたちも多く存在する。さらに今回の災害によって学校教育そのものが多くの制約の中で機能を果たせなくなり,学びや生活の基盤を奪われた状態にある子どもたちも少なくない。

　この間復興にかかわる予算が多く投入されたように見受けられるが,いまだに約32万人もの被災者が避難生活を余儀なくされ生業や住居など生活再建が進まない現状にある。とりわけ福島県は,地震・津波の被害と共に福島第一原子力発電所における事故の影

響が広範囲に及び,避難区域のみならず区域外を含め,全国に被災者のおよそ半数にのぼる約16万人が避難生活を余儀なくされている。このうち福島県から県外へ避難した人は約6万人にも及ぶ。原発事故の影響により,自治体機能そのものが別の自治体に移転せざるを得ない状態にさらされた。その中で家族や地域がバラバラになり,震災前一緒に生活をしていた家族が離ればなれとなり,分散して生活をするなど生活の基盤そのものが奪い去られた状態にある子どもも少なくない。

2012(平成24)年10月1日現在,福島県から県内外に避難している子どもは約3万1,000人におよぶ。そのうち,福島県外には1万7,000人近くの子どもたちがふるさとを離れ生活をしている。また警戒区域など政府から避難指示が出されていない県内の自治体からも多くの子どもたちが避難をしている状態にある。

県内の浜通りにある双葉高校,浪江高校(津島校も含む),富岡高校,双葉翔陽高校,原町高校,相馬農業高校(飯舘校を含む),小高商業高校,小高工業高校の8つの高等学校に在籍している生徒は,県内の他の高校を利用するサテライト方式で授業を行っている。8つの高校に通う約3,200名のうち,県内外の高校へ転校を希望した約1,400名を除く,約1,800名がサテライト校方式を利用している。生徒たちの多くは,これまで通い慣れた校舎とは別の仮校舎(プレハブや体育館を利用)などを利用する場合もあり,学習環境にさまざまな制約を受けている。

さらに小中学校は,双葉郡など避難区域にある多くの学校が再開できず,避難先の自治体の学校に区域外就学している子どもも多い。避難を余儀なくされている自治体では,避難先で学校を再

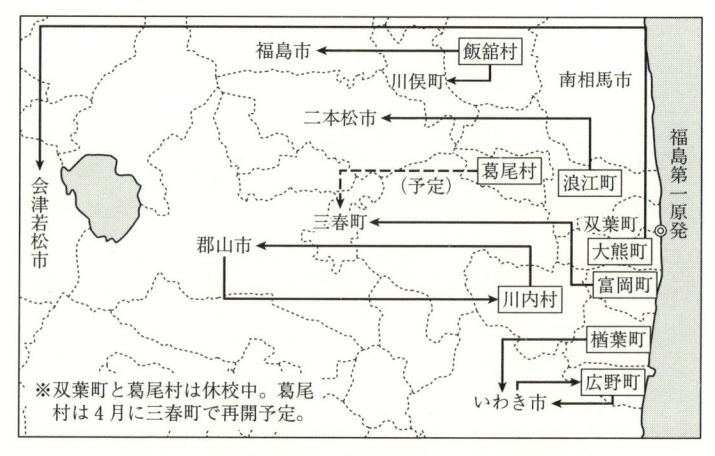

図4-1　双葉8町村および飯舘村の小中学校移転先

出所:「読売新聞」2013年2月9日付。

開するなどしている(図4-1)が課題も少なくない。たとえば,2013(平成25)年度双葉郡および飯舘村で同年度に入学を本来する予定だった子どもは小学校607人,中学校661人だった。しかし実際の入学者は小学校88人,中学校135人であり,浪江町のように実際の小学校入学者がゼロという自治体もあった(表4-1)。

一方で,地域のあり方を考える上で,学校が大きな役割を果たした例がある。それは,「大熊の子どもは大熊町民で育てる」とかねてから「読書のまち　おおくま」として読書活動を2003(平成15)年から町全体で取り組んできた大熊町である。原発事故当初,大熊町は田村市に一次避難をしていた。しかし4月の学校再開を想定し会津若松市の廃校を活用して学校再開を計画し,住民共々学校が再開される会津若松市に二次避難した。福島正行が言うように,「学校を紐帯としたコミュニティの再形成」とも言える。[2][3]

表4-1　双葉8町村および飯舘村の学校の平成25年度新1年生

	小学校		中学校	
	本来入学予定	実際に入学予定	本来入学予定	実際に入学予定
浪江町	154	0	173	9
富岡町	128	3	146	7
葛尾村	9	1	12	3
大熊町	148	31	128	35
広野町	43	10	58	14
楢葉町	53	12	74	26
川内村	21	6	21	7
飯舘村	51	25	49	34
計	607	88	661	135

出所：「読売新聞」2013年2月9日付。

（3）子どもアンケートが復興のビジョンをかえた——福島県浪江町の復興ビジョンそして復興計画策定の過程から

　浪江町は福島県の東部に位置し，双葉郡8町村の中で一番人口規模が多い約2万1,000人が震災前生活をしていた。浪江町から避難した住民は原発事故直後に町内の津島地区に避難したが，政府からの「緊急時迅速放射能影響予測ネットワークシステム（SPEEDI）」の公表が住民の避難において十分活用されなかったために，放射線量の高い津島地区に浪江町民は避難をすることとなった。そのため避難した住民は「無用な被ばく」をしたと感じている。当時の津島地区の放射線量は200マイクロシーベルトを超えていたとも言われている。浪江町は，政府からの避難指示も十分伝わらず，結果として町長がテレビをみて避難を決断した。こうした状況から，双葉郡においても浪江町は住民の避難というよりも，「離散」とも言える状況で県内あるいは全国に家族・地域がバラバラになりながら避難した。現在も全国600にものぼる自治体に浪江町民が避難生活を余儀なくされている状況にある。

また，浪江町では請戸地区など大きな津波の被害もあり，原発事故の避難によって救助活動が継続して行えず，幾人もの助かるかもしれなかった命が助けられなかった。

　現在も浪江町をはじめとして原発周辺の自治体は自治体ごと避難を余儀なくされており，浪江町も内陸部の二本松市に役場機能がある。広域避難を余儀なくされ全国にちりぢりになった町民が今後の生活再建や町の将来をどう考えるか模索が始まった。

　浪江町は復興計画をつくるには，原発事故の収束や放射能汚染の実態，さらには避難区域の解除見通しなど，さまざまな計画策定の前提条件が見通せないことから，当初復興計画策定の前に復興ビジョンを策定することにした。2011（平成23）年10月に第1回目のビジョン策定委員会を開催し，その後計8回の委員会によって検討を重ねていった。その過程の中で，高校生以上の町民（18,448人）を対象にした「復興に関する町民アンケート」を実施した。この策定委員会の中でも，住民のさまざまな意見が交わされ，町が提示する復興ビジョンのあり方に疑問や意見が多く出された。その最も大きな課題の一つは，住民の「帰還」をめぐってであった。町は当初早期の住民の帰還を想定していた。しかし町民の中からももとの町に「帰る」ことができないと考える意見が少なからず表明された。特に子どもを持つ親世代からは，子どものことを考えると町に「帰る」ことへのためらいが多く出された。

　一方，長期にわたる避難生活が想定される状況において，町の再生の以前に避難生活においても住民の生活再建が早期に求められていた。そのため浪江町の復興ビジョンの第一の柱は，「すべての町民の暮らしを再建する——どこに住んでいても浪江町民」

第4章　震災復興への子どもの参加

とした。そのため当面3年を短期計画の策定と早期実施の期間とした。これは，長期避難生活において，「最優先に復興すべきものは『一人ひとりの暮らしの再建』」とし，将来のあり方についてそれぞれの考えを尊重し，「町の復旧・復興の第一は，町民の暮らしの再建」であり，「今どこに住んでいようとも，今後どこに住んだとしても，すべての町民の命が守られ幸せな日々の暮らしを取り戻せる」ことを追求していこうというものであった。自治体の側からすれば，帰還しない住民も支えていこうというビジョンを打ち出したことは画期的なことであった。それはこの震災がもたらした通常の自然災害を越えた原発事故とそれによる放射能汚染という甚大な被害に対するギリギリの選択でもあった。

　浪江町復興ビジョン策定の委員会では，「子どもたちのため」と大人たちが議論していることに対し，実際に子どもたちの声を聞こうという意見も出された。子どもを持つ親の立場からすれば，町への帰還へのためらいはある一方で，実際の子どもたちは浪江町に対し愛着を持ち，ふるさとのことを想っている気持ちが強いことも，子どもを持つ委員から発言された。こうしたことから町は2012（平成24）年1月に，浪江町に住んでいたすべての小学生から中学生（1,697人）を対象にした「復興に関する子ども向けアンケート」を実施した。回収率71.7％（1,217人）と高い回収率によって多くの子どもたちが町の復興について意見した。その結果によると，「今の生活で困っていること」への設問（複数回答）では，「浪江の友だちと会えなくなった」（78.6％）が最も多く，他にも「家が狭い」（54.7％），「また津波がこないか不安」（51.4％），「自分の部屋がなくなった」（41.2％），「放射能のせいで病気にな

らないか不安」(35.7％) と困っていることや不安を挙げていた。一方で、「今の生活でうれしかったこと」の設問（複数回答）においては、「新しい友だちができた」(82.4％) が最も多く、その他にも、「学校が楽しい」(55.6％)、「家族の大切さがわかった」(50.8％)、「友だちの大切さがわかった」(47.8％)、「まわりの人が親切にしてくれた」(46.9％) と答えた。さらに、「浪江町のことが好きですか」という設問には、84.6％とほとんどの子どもが「好き」と答えていた。

またこの子どもアンケートでは、自由記述も取っている（図4-2）。「大人になった時、浪江町はどんな町になってほしいですか」と「その他、町長にお願いしたいこと」の２つを聞いた。子どもたちは自由記述に丹念に一人ひとりの思いを直筆で書いた。その中には浪江町の風景の絵など描く子どもたちもいた。それぞれの子どもたちが浪江町に愛着を持ちながら、震災前と同じような浪江町を取り戻したいという想いにあふれていた。当初、役場職員がパソコンで自由記述を入力しようとしたが、子どもたちの想いが伝わる自由記述にふれ、そのまま一つひとつをスキャナで読み取り、直筆の子どもたちの声を町民に知ってもらうことにした。

このアンケートの結果は、それまで住民の帰還やふるさとの再生にゆれていた策定委員会の空気を一変させた。町への愛着をどの子どもたちも持っていることを示し、「震災前のような浪江町に戻ってほしい」と感じている事実を大人たちに突きつけた。委員会の中で、ある区長は涙ながらに、「自分が生きているうちに浪江町に戻れるかどうかわからないが、子どもたちに浪江のふる

図4-2　浪江町の子どもアンケートから一部抜粋

出所：浪江町「復興に関する子ども向けアンケート」（2012年5月）より。詳細は浪江町のHPに掲載されている。

さとを引き継いでいきたい」と言った。こうして浪江町の復興ビジョンにおける「復興の基本方針」のもう一つの柱は，「ふるさと　なみえを再生する――受け継いだ責任，引き継ぐ責任」という方針を掲げることになった。復興ビジョンの過程を振り返ると，帰還に向けてゆれる町民の思いが，子ども向けアンケートの結果によって変化し，次世代にふるさとを取り戻し，引き継ぎたいという思い，それを実現するためのふるさとの再生を帰還の有無にかかわらず地域に住んでいた者の責任として引き継いでいこうと考えるに至った。子どもの意見表明が現実として町の将来のあり方を決める方針に反映され生かされた事例とも言える。

　浪江町だけでなく，避難を余儀なくされている多くの自治体で

は，復興の基本的な考え方を，「帰る」「帰らない」ではなく，一人ひとりの被災者が生活を再建できる「人間の復興」を掲げ，同時にふるさとを先祖から引き継いできたように，次世代へ引き継ぐ責任を果たそうという決意が現れている。

　その後，浪江町はさまざまな住民間の意見を尊重し合い，合意形成をはかっていく姿勢は貫かれ，復興ビジョンの基本方針を共通認識にしながら，復興計画づくりに取り組んだ。復興計画の策定委員会は，100名を越える町民から委員を組織し，各部会に分かれながら町民自身がこれからの被災者の生活再建と地域の再生を考える検討を重ね計画づくりに取り組んだ。こうした子どもを含む住民の復興計画づくりへの参画を進めたことも起因し，その後町の青年たちが定期的にふるさとの将来について考える「ふるさと未来創造会議」とする勉強会や，30年後の町の将来を見すえた町のNPO団体による町民の継続的なワークショップによる民間レベルの復興ビジョンの提起なども生まれることになった。

（4）将来のまちづくりや地域づくりに子どもたちの参画と主体的権利者として尊重

　各地でつくられる復興計画の多くは，自治体の策定委員会において議論され決定されるが，多くの場合は少人数で構成されていたり，各地域における機関の代表者で構成されている場合が少なくない。策定委員の中に子どもが参加している例は見られないし，計画策定の際に行われるようなアンケート調査などにおいても，世帯単位によるものや，個人単位であっても15歳以上を対象にすることが多く，子どもたちの声が十分に計画策定に生かされてい

第4章　震災復興への子どもの参加

るわけではない。こうした中で発災後比較的早期から子どもたちの声を政策決定に生かそうとする動きも見られた。

　国際NGOのセーブ・ザ・チルドレンは2011（平成23）年の5月から6月にかけ，宮城県・岩手県の5地域（石巻市・東松島市・釜石市・陸前高田市・山田町）の小学4年生から高校生を対象にした「子ども参加に関する意識調査」を行った。その結果89校（小学校55校，中学校29校，高校5校），11,888票（有効回答数11,008票）のアンケートが寄せられた。調査結果において注目されるのは，「自分のまちのために何かしたい」と考えている子どもが87.4％，「自分のまちをよくするために，人と話をしてみたい」と考えている子どもが77.2％もいることがわかった。さらに，「あなたは自分のまちをよくするために，だれと話をしてみたいですか？」という問いには，1位が「総理大臣」で24.3％，2位が「子どもどうし」で21.3％，3位が「地域の人たち」で17.2％となっており，子どもたちの多くが，政策決定者や地域の大人たちと話をしたいと思っており，かつ子ども同士による対話を望んでいることがわかった。どんなことを話してみたいかという自由記述では，「未来のこの町を想像し，そのために自分たち子どもには何ができるのかなどを話してみたい」や，「大人だけできめないで，子どもたちのいけんもいれてほしい。『いいまちに』というなら，とかいなどちかい人たちだけでなく，私がすんでいるまちのいけんもとりいれてほしい」などという意見が寄せられた。

　こうした調査結果を元にしながら，セーブ・ザ・チルドレンでは2011（平成23）年6月10日付で東日本大震災復興構想会議の五百旗頭真議長および宮城県・岩手県・福島県の各知事宛に要望書

を提出した。その要望内容は,「1.復興計画策定に際し,子どもの権利条約に基づき,権利の主体である子どもの最善の利益,子どもの意見の尊重を確保するために,当事者である子どもの参加の保障を明記すること。2.上記に基づき,子どもの意見を広く聞き取る機会や子ども自身が意見を表明,参加する機会を制度として保障すること」である。その後も同団体では,各地で子どもたち自身によるまちづくりのためのワークショップやトークイベントなどを行っている。さらに2012(平成24)年7月の「世界防災閣僚会議 in 東北」においてサイドイベントを開催し,各国政府関係者に対し,「1.大人の意見だけではなく子どもの意見も聞いてください。2.子どもの立場にたった防災・災害時の対応を世界中でつくって下さい。3.世界中に子どもたちが協力しあえる体制を作ってください」などの提言書を提出している。

子どもの権利条約(「児童の権利に関する条約」)では,第12条において以下のように定めている。

1.締約国は,自己の意見を形成する能力のある児童がその児童に影響を及ぼすすべての事項について自由に自己の意見を表明する権利を確保する。この場合において,児童の意見は,その児童の年齢及び成熟度に従って相応に考慮されるものとする。
2.このため,児童は,特に,自己に影響を及ぼすあらゆる司法上及び行政上の手続において,国内法の手続規則に合致する方法により直接に又は代理人若しくは適当な団体を通じて聴取される機会を与えられる。

第4章　震災復興への子どもの参加

　この国際条約に従えば，子どもたちは自らの意見をその年齢や成熟度に従って相応に考慮され，かつそれは司法上及び行政上の手続きにおいて，直接もしくは代理人や諸団体を通じて聴取される機会が与えられなければならない。ここで言う「行政上の手続き」においては，さまざまな行政における計画の策定段階において，とりわけ災害時には復興計画など地域の将来やそこで暮らす人びとの生活にかかわる大事な課題に対し，子どもたちにも意見を表明する場と機会が提供されるべきである。今回の災害においても，復興計画においてアンケート調査やパブリックコメントなどの聴取が行われたが，地域住民の意見を聴取する際に，計画内容が子どもたちに理解できるような文面や表現方法に工夫を凝らし周知されていたかどうか。あるいは子どもたちが通常の策定委員会とは別に「子ども委員会」（仮称）などによって子どもたち自身が地域の将来について話し合い意見表明する機会が確保されていたかどうか。改めて検証する必要があろう。

　その他にも，日本ユニセフ協会や子どもの権利条約総合研究所，キッズドアなど子どもを対象にした復興支援に携わる諸団体で結成した「東日本大震災子ども支援ネットワーク」[5]では，災害など緊急時においても子どもは常に成長・発達し続ける存在として，その支援の重要性を指摘し，子どもを「かわいそうな」存在として「守られるだけの存在」ではなく，子ども自身に主体性のある権利の保持者として災害時においても子どもの権利が保護されることが必要であると提言している。同ネットワークでは，「子どもは，紛争時でも災害時でも，常に成長，発達し続けている。どんな緊急時も，子どもの成長は待てず，発達段階の1日，1か月，

１年の大切な重みは変えることができない」存在として「子どもを，主体性のある権利の保持者」と位置づけている。さらに同ネットワークは，「国連・子どもの権利委員会」の文章を参照し，災害時のような「緊急事態下」において，子どもの意見表明権にあたる「第12条に掲げられた権利は危機状況またはその直後の時期においても停止しないことを強調」している。さらに，「紛争状況，紛争後の解決，および緊急事態後の復興において子どもたちが重要な貢献を行なえることを示す証拠はますます蓄積されつつある」とし，「子ども参加は，子どもたちが自分たちの生活をふたたびコントロールできるようにするうえで役立ち，立ち直りに寄与し，組織的スキルを発展させ，かつアイデンティティの感覚を強化する」ことができるとした。

　子どもの主体的権利者としての尊厳を保ちながら，災害時のような状況下においても，子ども自身が再び自らの生活を再建するために役立ち，寄与する能動的な存在であることは，今回の東日本大震災においても各地で多くの経験を生み出した。たとえば，OECDが文部科学省や福島大学などと協力し，「東北スクールプロジェクト」を実施している。これは，2014（平成24）年にフランス・パリにおいて，「東北と日本の魅力と創造的復興をアピールするための国際的なイベントを企画・実施する」というミッションのもと，100名近くの中高生が継続的にワークショップを重ねながら，「リーダーシップ，建設的批判思考力，協調性，創造力」を養い，地域の担い手として成長していこうとする取り組みである。また，NPO法人じぶん未来クラブでは，被災地の学校などと連携しアメリカからヤングアメリカンズという非営利団体

を招き，日本の子どもたち向けにミュージカルを通した「表現教育」の数日間のワークショップを企画・運営している。もともと同団体は2006（平成18）年より活動を始め日本各地で2万人以上の子どもたちと表現活動を通じたワークショップを重ねてきたが，こうした取り組みは，個性の違う他者を一つのワークショップを通じて認め尊重し合いながら，表現力や自信を獲得することにつながっている。こうした取り組みが被災地において継続的に取り組まれ，主体的な行動や表現によって子どもたちが変化する姿に，教育現場そのものが変わりつつある。

　また今後の双葉郡の教育のあり方を考えるためにつくられた「福島県双葉郡教育復興に関する協議会[6]」は，2013（平成25）年3月末に「福島県双葉郡子ども会議」を開催した。同協議会は，今後の双葉郡の教育を考える上で，実際にそこに住んでいた子どもたち自身の思いを聞く場を持とうと，双葉郡の小学3年生から高校生，保護者，教師など約80名によって，今後の双葉郡の教育のあり方をワールド・カフェ方式で話し合う場として催された。ここでは，ふるさとをどんな町村に復興したいか，それに対し自分は何をしたいか，何ができるか。町村や学校には何をしてほしいかなどを，子どもから大人まで共に話し合った。その際，ある子どもは，「魅力を持って通いたいと思える学校とはなにか」という問いかけに対し，「制服がかわいい学校」と，大人たちでは考えが及ばないような視点からの意見をのべていた。この子ども会議では，各町村の壁を取りはらい，双葉郡にしかない魅力的な学校づくりを構想し，「子どもを中心に」すえた学校づくり地域づくりをすべきであるという議論が出され，子どもたち自身が将来

の双葉郡のために貢献したい,その担い手になりたいという思いを自らの言葉で表現していた。

こうした各地で展開し広げられている取り組みを教訓にし,日本においても災害時など緊急時でも子どもが地域の主役としてその役割を発揮し,復興の担い手であることを名実ともに位置づけるような復興のあり方が今後の災害復興の基本になることが求められている。

(5) いまこそ地域再生の主体に

この間の被災地における子どもたちの状況を見ると,自らの将来について悲観することなく,自分なりに災害を受け止め,そのような逆境においてもふるさとの再生に向けて自分たちも何か行動したい,あるいは将来の地域の担い手となりたいという積極的な子どもたちの姿が多く見られた。

子どもたちの声の中に「復興」の手がかりがある。人びとのくらしが再建され,地域が自立的復興をとげていくためには,地域の住民の多様な意見が尊重され,かつ復興の計画あるいは実行段階で,住民が復興の主体として役割を発揮することが重要である。将来の地域の担い手となる子どもたちにかかわる問題について,子どもたちの意見を尊重し,かつ主体的な行動を行う事例は各地に現れてきている。将来の担い手としてだけ想定した「子ども像」ではなく,いま現在も「地域再生」の主体的な担い手であるという姿勢を自覚しなければならないのは,私たち大人自身ではないだろうか。

〈注〉
(1) 2012（平成24）年6月17日時点。
(2) 詳細は，武内敏英「『大熊の子どもは大熊町民で育てる』——自治体の集団移転と学校」『東日本大震災と学校教育』かもがわ出版，2012年，95〜105頁。
(3) 福島正行「震災における学校と地域——現在進行形の『避難』と地域再生」『東日本大震災と学校教育』かもがわ出版，2012年，103頁。
(4) 調査結果は，「Hear Our Voice1 子どもたちの声——子ども参加に関する意識調査」としてまとめられている。詳細は，下記のサイトを参照のこと。http://www.savechildren.or.jp/sc_activity/Hear%20Our%20Voice%201%20,子どもたちの声——子ども参加に関する意識調査.pdf。
(5) http://shinsai-kodomoshien.net を参照。
(6) 同協議会は，今後の双葉郡の教育のあり方を考える協議会として，双葉郡の教育委員会，福島県教育委員会，文部科学省や復興庁，福島大学などによって構成されたものである。

2　子どもを支える教育と福祉のつながり

(1)「復興災害」の中で

1) だれもが語り出せる社会づくり

この2年を振り返ると，生活再建の見とおしが立たず，生活者不在の施策が顕著になっている。復興のプロセス自体が新たな災害（人災）となり，災害関連死などを含め，いわば「復興災害」と言われる状況にある。

ある雑誌の誌面で「3.11から2年，封じ込められる福島」[1]というタイトルを目にしたが，ドンピシャの言い回しに感じ取れた。先が見えないのではなく，先を見せなくする社会的装置（生活復興につながらない賠償や除染，事故の『収束宣言』，復興住宅の設置の遅れなど）が働いている。その中で，子どもの教育活動や「相談援

助」に携わっている私たち自身，子どもや親，同僚から相談や要望を受けても先にある着地点が見えずに悩んできた。何よりも，子どもたちに「復興災害」の現状を正しく語り伝えることができず，子どもたちへの問い出しも十分にできていないと言ってよい。

「放射能がうつる，近寄らないで」。「賠償金もらっているんだろう」。

放射性物質は子どもたちの「生きる環境」を根こそぎにし，さらにこのような言葉を浴びせかけた。県外に避難した子どもたちに，転出元の教師たちが「福島から来たとは言わないように」と声をかけたという話がある。「フクシマ」は，原発事故後，個の尊厳や平和な未来創造を世界に示す言葉になった。しかし，長きにわたり個々人が過去を引きずるスティグマの言葉と表裏するものにもなっている。県内外を問わず，避難者支援にあたってきた人びとは，支援を求めたくても「自分」や故郷が名乗れない子どもや保護者との対話にもっとも苦悩してきた。そして，さらに避難先での二重生活や「帰還」により，出身地や県内の別の場所へ戻る決断をした子どもや家族への支援もある。たとえば「原発事故子ども・避災者支援法」(2)が提示する生活権や教育権（学習支援）の保障，あるいは保養（放射線量低減支援）に対し，だれもがそのニーズを語り出せる社会づくりが必要になっている。

2）子どものしあわせをいかに問うのか

子どもにとってしあわせとは何か。「おうちに帰りたい」，「もう転校はしたくない。ひとりぼっちの入学や転校はいやだ」という子どもと，将来の住居や就労の落ち着き先で悩み続ける親との葛藤が今も続いている。福島の双葉地区8町村では，4回から10

第4章　震災復興への子どもの参加

回の転居を経験した人びとがその避難者全体のうち65％を越える。そこには「またいつか会おうね」という会話もなく友だちと別れ，転校していく子どもの傍らで「取り残されていく自分」を感じた子どもたちも大勢いた。

マスコミ報道で「たくさんの人に支えられてしあわせです」と語る子どもたちの姿は周囲の大人を勇気づけてきた。しかしこのシーンは大人による選択であり，カットされた部分にしあわせとは言えないことがある。防護服やマスクを着用した除染作業の人びとの姿が市街地の家屋や通学路，公園で日常の光景になったこと。チェルノブイリの避難基準に従えば，放射線管理区域となり，「世の中でもっとも汚れた土地」になったと告げられたこと。そこにいる子どもたちにとって，本当のしあわせとは何か。日本社会の発展がこれほどまでに子どもたちを犠牲にしてきたのか。復興災害や原発災害が生み出した子どもたちへの被害の過程をさかのぼるとそれを物語ることができる。本書で挙げた「子どもたちのしあわせ」とは日本の過去，現在を踏まえなければ明確にはならない。

3）知ることへの勇気

ある高校生たちの声がある。

原発や放射能のことについて：東京の電気なのにー！　超ムカツク。
これからどうなるのか：町には私が生きているうちは帰れない。自分から生まれる子どものことが心配。
これからどうなってほしいか：原子炉がなくなればいい。どう

なってほしいではなくどう変えるかが大切だ。
一番知りたいこと：身体に害がない程度になるまで何年かかるのか。いつまで賠償金もらえますか。
他の人に訴えたいこと：被害を受けていない人に同情されたくない。他の県や国に原発で苦しめられていることを伝えたい。
行動していること，これからやってみたいこと：少しでも内部被曝しないように野菜を酢水につけて食べる。原発をなくすこと。福島から出たい。

とても簡素ではあるが，ありのままの表現である。
　さまざまな復興関連行事や催し，報道で，将来，自衛官や看護師，カウンセラー，医師などになりたい，人の役に立つ仕事に就きたい，地元に戻り復興の担い手になりたいという中高生の声が紹介される。私たちもこうした子どもや若者と，早く一緒に仕事をしたい。だが，この思いが子どもたちを追い詰めはしないだろうか。つまり，がんばり続けないといけないというまなざしを大人社会から受け続けることにはならないだろうか。日本の社会が未解決のまま抱えてきた重い課題を子どもたちが背負うことになる。
　先に述べた高校生への問いの中で「一番知りたいこと」に対し，「ない」，「特にない」という回答が多い。本当は「知るのが怖い」のではないだろうか。先が見えることに恐ろしさを感じているのかもしれない。「大丈夫です」，「特に困ったことはないです」の声が持つ意味に，大人のわれわれは立ち止まり寄り添う必要がある。

（2）子どもたちの問いを手がかりに

1）権利主体として育ててほしい

その一方で，その勇気をつかもうとしている姿もある。2012（平成24）年度の第32回全国中学生人権作文コンテスト（法務省・全国人権擁護委員連合会主催）で，新潟に避難した中学生の作文，『聞いてください，私の思い』が入賞した。以下はその一節である。[4]

　（前略）避難してからは，同じ福島県内でありながら，耳に入ってくる話は「福島ナンバーの車がいたずらされた」，「転校していった子が放射能のことでいじめられた」などの悲しい話ばかり。私はこの話を聞くたびに，「またかぁ……」と自分のふる里がだんだんと嫌がられている事がとても悲しく思っていました。そんな中，私も一つの体験をしました。部活の大会の日のことです。「うわ，なんでいるの。放射能がうつる。帰れよ」。すれ違いざまに他校の生徒に言われた言葉です。私は，この言葉を言われた時，泣きたくなり，大会すらやる気がなくなりました。新聞やニュースなどで得た少しの知識だけでこういう風に思っている人がいると，聞いてはいたものの，残念でしかありませんでした。何気なく言った言葉だったのかもしれませんがその言葉は，大熊町に住んでいた私にとって非常にくやしく悲しいものでした。家に帰り，その出来事を母に話すと，母は別の話もしてくれました。ある小児科では，受診してくる地域の子どもを守るため大熊の人は診察しない。ある保育所では，やはり預かっている子どもを守るため近くに大熊の人

の車を駐車させないという内容でした。自分の「人権」を守るためなら相手の「人権」は傷つけてもかまわないのでしょうか。私はまちがった情報が、そういうまちがった守りを生む、原発事故について、しっかり学び正しい知識を得ることが差別をなくすのだと気付きました（後略）。

この中学生は、避難先で幾度も傷つく経験を持ちながらも、転校先の学校や保護者、地域の支援者グループに支えられ、少なからずいじめ環境を跳ね返してきたと思われる。自分の人権を守るために人の人権を損なえてしまうことに目を向け、さらにこの生徒は、原発が人権侵害や権力の濫用の上に成り立っていることを語っている。自分の権利を主張するには相手への尊重を忘れてはいけないという。これは震災後の生活をくぐってきた中学生としての気づきであるだけでなく、大人は中学生の私たちにしっかりと人権について教えてほしい、権利主体として育ててほしいという訴えである。このような大きな出来事がないと学べないことなのか。それではおかしいのではないか。子どもたちの気づきを揺るがずに支えつづける周囲の親や教師、支援者、仲間の存在を求めている。

2）ぼくたち／わたしたちが地域を育てる

つい私たちは子どもたちを「復興」や「次代」の担い手と呼んでしまう。地域産業の再建や地盤沈下による高台移転、地域のインフラ復旧にも相当な時間がかかる。廃炉まで30〜40年がかかると言われる。今の小学生が孫や子のいる世代になっているような先を見通して、「子どもたちがこの地で生きていく」営みと向き

合っていかねばならない。子どもたちの健康と発達の保障が地域の復興や再生と切り離せないものになっている現実を疎かにできない。

郷里を離れ、避難先の自治体で再開したいくつかの小中学校では、これまでの地域学習のプログラムを大きく見直したり、震災当時同級生だった子どもや保護者が全国から集う同窓会行事を実施するなど、従来の教育課程の単元や学校行事の枠にとどまらない学校づくりを行っている。その1つに2012（平成24）年4月に創設された浪江町の「ふるさとなみえ科」がある。

このふるさとなみえ科は、これからの学校のありよう自体が町の復興と大きくかかわるとし、次の目的を挙げている。

「1．郷土のよさを守り引き継ぐ人びとやふるさとのために活躍する人びとの生き方に学び、子ども自身にも『志』を持たせる。単なる夢ではなく、どんなアスリートになりたいか、仕事を通してどんなことをしたいのか、どんな人間になりたいのか、『どんな』を考えさせることによって、子どもが取り組むべき課題を明確にさせていく。

2．子ども一人ひとりに、しっかりと（こころの）ふるさとへ太い根を張らせる。家庭・学校が大好きで、なかよく生活し自尊感情が豊かで、生きるエネルギーにあふれた子どもや、地域の自然・伝統・文化にどっぷりつかり、好ましい原風景を持っている子どもの育成に努めていく[5]」。

これは、単に総合的学習の時間や生活科において、学習指導要

領の教科単元のカテゴリー群から地域や郷土を照射するようなものではなく，町の地域再生という多世代のニーズと願いを教育経営の基盤に置くものである。町民としての自覚と誇りを持つ，町の伝統や文化を継承できる力，地域の伝統や文化・歴史・産業にかかわる地域住民との体験的学習など，地域の大人や教師や保護者が子どもたちと同じ目線に立って「生活する地域のよさ」を見つけようとする姿がある。

このことの一端が浪江小学校の報告からうかがえる。(6)総合学習の時間の時に，避難先の町の地域学習とともに，浪江町の将来について考える授業が行われ，1人の小学生が「将来，浪江町にビール園をつくりたい」と発言した。避難先の町にある「ビール園」を通学途中に見かけることからこのように発言したのかというとそうではない。浪江の町が復興するにはたくさんの大人がやってきて，自分たちのために公園をつくったり，動物園をつくったり，新しいビルを建てに来てもらい，そうした人びとがビールを飲んでゆっくり休んでほしいからだという。それを聞いた教師たちが驚き感動したという報告である。地域の将来について大人の側が子どもたちに触発される。これまで言いあらわされてきた「地域が子どもを育てる」ではなく，「子どもが地域を育てる」，「子どもが地域を育てる主人公になる」ことに現実味が感じられる。

　3）真実を知り，いやなことはいやだと言える

子どもたちの学びにとって，放射線教育は十分な広がりを見せていない。「原発で働く保護者がいるから」。「個々人の価値観が違うから」。企業の事故災害に対して「公教育だから取り扱わな

第4章　震災復興への子どもの参加

い」。さまざまな理由が見え隠れする。そのほか，震災の授業自体が震災の出来事をフラッシュバックさせてしまうのではないかと禁忌されたり，放射線教育の内容が強く保護者の関心事となり衆人環視の状況になり，やや大人の感覚に左右されているところがある。

　原発事故の記載がない教材や今になっても「安全」であることだけが目立つ資料もある。その中で，教師たちが独自に会議を重ね，議論し合って学習法や内容を考え抜いて実施した学校も多い。線量のはかり方をみずから考え試してみる授業。木の葉に積もったセシウムは，地面に落ち，それが根から吸収され葉や樹皮に戻ることを学習内容に取り入れた授業。その他，健康教育に準じた授業や，放射線教育と言うよりも子どもの不安な気持ちを軽減する心理教育に重点を置くところもある。いわば県内でも線量の高低によって地域性が大きく出ている。

　ところで，こんなエピソードがある。家庭に引きこもりがちな中学生が家でいつもテレビを見ていたが，震災後，時が経つごとに結局は電力依存の「エコ電化」や電気自動車のコマーシャルが増えたことに憤りを感じ，学校に登校し教室で語り出したという例がある。

　いま，もっとも遅れている学びがある。それは，子どもの怒りや願いを表現する教育のあり方である。現実的にいうと，「いやなことはいやと言える」教育である。怒りを抑える教育から，怒りを周囲や社会へ適切に伝える方法を学ぶ教育への転換である。原発誘致反対の漁師の人たちが，行政や電力会社の担当者を怒鳴りつけている場面の入ったビデオに食い入る生徒たちから，「な

るほど,こうして訴えればいいのか」という声が上がったという。自分たちにもできることがあるという発見は,今を考える大きな原動力になる。

　また,原発に反対か賛成か,「帰る-帰らない」,「残った-逃げた」の二項対立論を崩す「知」を高めていく教育である。意見の違うものどうしが思考停止にならず,いかに一致点を見つけていくのかという方法,あるいは「お互いに損ない合わない関係づくり」への学びである。

（3）復興に向けた学校ソーシャルワークの視点
1）学校福祉と生活福祉のつながり

　まだ,学校におけるソーシャルワークの観点から震災後の学校や子ども,家庭支援の課題を検証することはできていない。ただ1つたしかなことは,教育と福祉の枠やそれぞれの限界を越えて,多くの関係者がその境界に立って動いてきたという点である。これは,教育関係者も福祉・保健職ともどもに,1つの地域や家族を丸ごと受け止めた震災後の「実践の事実」でもあった[7]。その事実に立ち返って課題を振り返ると以下の3つの事柄が挙げられる。

　まず1つ目は,学校福祉と生活福祉の区別とつながりである。学校教育と社会福祉をつなぐことは,制度的にも習慣的にも決してたやすいことではない。「つなぐ」のは学校から関係機関へケースをつなぐという次元だけではない。はじめからつながりありきではない。震災禍をくぐる中で行われてきた「学校の福祉的機能」と諸機関・分野の福祉業務機能をともに修正することにある。そのためには,教育と福祉双方の課題を共通して貫くものを

発見し，解決していく視点を明らかにしていく必要がある。大震災という家庭生活の破壊や地域破壊を被った直下で，子どものいのちや暮らしをまずは下支えするべき生活福祉がある。併せてその生活福祉の質や内容をつくりかえる主体を学校において形成することが不可欠となる。このことを離れて学校におけるソーシャルワークはあり得ない。震災後，ソーシャルワーカーが「不登校」や「いじめ」という言葉を使うことに違和感を持つようになった。なぜなら不登校やいじめの背景にある人間関係や社会との関係をつくりかえる際に学校の持つ資源に着目すべきだからである。そして具体的なアセスメントをくぐった上での事柄が念頭に置かれねばならないからである。

2つ目は，教師も保健や福祉の専門職も，子どもを含む家族丸ごとを支援する一員であるという自覚である。それを持たないと，みずからの職場（学校や保健・福祉機関）が維持できない。家族の生活問題に学校や教育がすべて入り込む事柄とは言えないが，子どもの生活があってはじめて学校の営みが成り立つ。このことを骨身に染みこませた被災地の教育関係者も多く，SSWrにも学校的課題の克服と地域の再生をつなぐ一員であるという考え方が求められる。

3つ目に，地域生活に安心感を提供する役割がソーシャルワーカーにはあるという点である。今，目に見える変化，目に見える除染作業，目に見える経済発展に復興を読み取ろうとする傾向が強くなってきている。避難地区や津波による移転地区などでは，親の就職先が見つからず生活インフラが復旧していないから若い人びとが地元に戻ってこないと言われる。しかし，それは1つの

理由づけに思われる。子育てはまず親ががんばるものだというメッセージに対し,不安と不信が募っている。地域に戻る戻らないという判断は,もし困りごとがあれば,いつでも子育てや教育のパートナーが寄り添ってくれるという安心感を見出せないことに起因しているのではないだろうか。地域のインフラや経済生活の成立という現実もある。しかし,市民サービスを含め,社会的なサポートが見えないことの方が帰還の妨げになっているのではないだろうか。

2) 生活習慣に風化させない

本節の冒頭で「復興災害」と表記したが,「心のケア」の用語もその一端を担っていないだろうかという疑問がある。現場で子どもに寄り添う心理職や教師の中にも諸施策の中で用いられる「心のケア」のもつ対象の狭さに対し違和感を指摘する。学校が家庭の問題には関わらないという家庭不可侵の体質を維持する枠組みをつくっていないだろうか。今回の震災後の「復興＝心のケア」はこのことを顕著に示した。

生活感が保てない生活が長すぎ,放置されているかのような避難生活がある。不安定な「仮のすみか」を,子どもの学習意欲の低下や学業不振,非行,問題行動の増加理由にあげる教育関係者も多い。しかし果たしてそうなのか。問題が外在化されることにより,結局は家庭での教育機能の低下,親の不安定就労や失業,生活保護に課題を収斂させてしまいかねない。そして,子どもの発達や成長の問題を生活習慣に眠り込ませてしまう。顕著なものに健康面の言説がある。東日本大震災後,福島県では「肥満傾向」の子どもが増え,5～9歳の各年齢でその割合が全国最多に

なった。「原発事故による運動不足の影響」により、屋外活動の制限や避難生活で食事や情緒面の状態によって生活習慣の確立が困難になると言われる。これでは環境の問題が生活習慣の問題へと風化していくことになる。

　震災後、私たちは何事についてもつい「できない理由を探してしまう」ことがあった。震災の影響なのかもともとの生活課題なのかの見分けがつかなくなっているという言葉も多く聞かれる。これは支援者目線であり、震災がなくても生じた問題だという想像性のない理解はきわめて恐ろしいことである。

（4）福祉との出会いは子どもとの出会い直し
1）学校と福祉の出会い──派遣教員の活動

　福島県では2011（平成23）年の秋から、新潟や山形など多くの児童生徒が転入した市町村の小中学校に、「派遣教員」を送り出した。親子ともに知らない土地に来て、同郷の、しかも教師がいてくれることの心強さは何事にも代えがたかった。しかし、「金魚のように家が流された」、「学校に迎えにきた父さんが車と一緒に海に流されてしまった」と語り出す子どもへどのように声をかければよいのか途方に暮れる福島からの転入先の教師たちにとって、子どもと教師の間にいた派遣教員はかけがえのない存在であった。派遣教師たちは、校内での相談活動や福島からの転入生のいる近隣の小中学校を巡回するなどその形態は様々であった。そのほか、各地で展開する支援者との連絡調整や保護者との懇談会の実施運営などに奔走した。派遣された自分がしなければならないことと一教師としてできることとのぎりぎりのところで、手探

りの中、個別多様なニーズに対応する役割を見つけていった。

避難を機に父母が離婚し、家庭内の混乱で情緒的に不安定となった子どもの医療機関への入院について、保健師や巡回相談員、子どもの通う学校の教師との関係調整に動く。生活保護の申請に出向く母親の付添や自主避難への交通費や借り上げ住宅等への支援がないことへの苦情（当時）に耳を傾ける。原発避難者の賠償請求の方法や不満などの相談にのるなど、災害対策のスタッフさながらであった。そうした活動の中でまさに教師が子どものつらさと向き合うことによりソーシャルワークとの出会いが生まれた。福祉との出会いが子どもとの出会い直しにつながった。

ただ、自分たちの支援が「福島に戻ることを促進する」役割に見られることへのジレンマを感じていたという。また、津波被災による転居と放射線避難による転居でのニーズの違いを目の当たりにし、教師の立場として解決できるものの少なさに苛まれた。

しかし、その派遣教師の存在は、避難児童生徒を受け入れた学校にも大きな影響を与えた。ある県外の教委で、「ここに来ている子どもが20年後に福島を支えていく人材へと育つために、いまこの地でいかなる教育活動を構想すればいいのか」という思いを語ってくれた教育関係者もいた。避難先の学校側が自分たちの従来の教育方針を再検討する機会になったという校長の声も多い。こうした県外の実践を広く把握し検証することで、福島の学校づくりに役立てていくことが求められる。

2）教師とソーシャルワーカーとのすみ分け？

ところで、周知のように阪神淡路大震災後の教育復興の際、「教育復興担当教員」の存在があった。[9]震災直後の1995（平成7）

年4月から，国の特例措置として通常の教員定数に上乗せし被災地の小中学校で，担任を持たず子どもたちの心理的なケアや防災教育に専念した教師たちである。

　教育復興担当教員の活動は震災直後から，欠席しがちな子どもへの家庭訪問や保護者面談にあたったり，転出先から地元に戻る予定を保護者と連絡しあったり，被災によって経済的に困窮する家庭の相談や就学援助等の支援を行った。全国にいる家庭向けに，学校だよりや学年通信などを送付したり，急増した転入学事務，転出入者の情報収集も大きな役割であった。そして担任や保護者，養護教諭，スクールカウンセラー，関係機関等とのコーディネーターを行ったり，避難所対応や学校の環境整備，通学路の安全の確保，学校再開に向けた準備の中核となった。

　震災から3年後，担当教員の記録では，住環境の変化や保護者の経済状況の悪化，家庭不和等による精神的不安定や無気力への対応が増加する。震災から5年目，震災による影響が見えにくくなっている状況の中で，避難生活の安定度が与える学習の定着度との関連に気づきを持った。[10]このことを東日本大震災への教訓として考えると，行動や情緒的な問題は子どもにあらわれる前に親の言動に出ているということ，そしてその親と積極的にかかわる家庭支援の観点を従来の生徒指導や教育相談のあり方へ本格的に取り入れていく必要があることが1つの帰結となる。

　派遣教員や教育復興担当教員の存在には，今日のSSWrに対してきわめて着目すべき点がある。全国的に今なおカウンセラーとの違いやすみ分けが話題になりがちであるが，それは間違いである。教師の仕事との差異と協働にこそ，学校におけるソーシャ

ルワークの検討課題がある。SSWrと教師との境目をひもとくことが教育と福祉の出会いの発見につながる。

(5) 地域とつながりのある専門職
1) チームとしてのSSWr像

震災では，教師にせよソーシャルワーカーにせよ，地域とのつながりを広げ深められる力量がクローズアップされた。「失われて初めて知るものごとの尊さ」とまでは言えないにせよ，現場主義，担当者主義の中で長きにわたり孤立しがちだった専門職を解放する機運である。関係機関や専門機関とのケースの取り扱いやコーディネート，ケースのマネジメントやアセスメントは，学区や校区の枠を越えた子どもの生活圏を基盤とする行為である。

突然の就学地変更は子どもの生活環境を一変させる。ここに寄り添うには，SSWr自身が雇用自治体を越えて業務を行ったり，異なる自治体のSSWr同士のチームづくりが求められる。子どもとその子どもにつながる家族や生活，学校，友達など，相互に全体把握し関与していく組織論が欠かせない。ピア・スーパーヴィジョンの機能とこうしたチーム化との結合も急務である。

今後，福島では，移転先から市町村機能が帰還したり，住民を他市町村に分散移転することをいくつかの自治体が表明し始めている。自治体を超えた広域支援や広域連携が福祉職の必然的な行動となる。その時に「わたしたちSSWrは全県で1つのチームになる」という観点がその下支えとなる。現況において課題は山積であるが，全国的なSSWrのネットワークの構想も現実化させていかねばならない。「情報が命」と呼ばれるSSWrの仕事に

対し，学校現場は個々のケース情報が校外や域外に出ることに慎重である。ゆえに「この人であれば安心して相談できる。ケースを託せる」という個人の存在のみならず，全国のSSWr全体が信頼を得る存在にならねばならない。

さらに教育や健康，福祉，通院，看護，介護，雇用就労，住居，経済，生活用品など，家族の構成員一人ひとりのニーズが多様な時に，子どものしあわせに責任を持つのは多職種の集団的行為となる。したがって，各地の要保護児童対策協議会や障害者自立支援協議会，地域の医療機関や社会福祉事業所に勤務する社会福祉士や精神保健福祉士との連携が必要になる。この連携を通じ，あらためてSSWrの独自性が涵養されねばならない。

2）SSWrと仕事のできる学校づくり

全国的に見て，SSWrは年々増えている。その一方で，SSWrや福祉職を的確に活用できる力量を学校や教師として持つことも求められる。活用という表現は少しよそよそしさもあるが，子どもの教育保障のためにみずからの行為とSSWrの業務や倫理観とのつながりを明確にすることである。SSWrがみずからの有用性を実感するのは，長期欠席児の学校復帰や困難ケースの終結ではない。教師が担任としての対応枠を越える前に，いわば現状が停滞したり問題が大きくなる前に声をかけてくれる時である。教師のソーシャルワークへの気づきが生まれたことを感じ取る時である。

そして，学校教育におけるソーシャルワークの考え方が高まり，子どもの権利擁護が進むことに連結していく時である。教師にとっても子どもの将来への不安が1つでも軽減されることに安堵感

がある。学校福祉，つまり学校が子どもや家庭の福祉に責任を負うことへの端緒である。震災後の教育復興は子どもひとりひとりの人生にいかなる責任を負うのかを振り返る大切なエポックにある。

　2年を経た後，震災後の生活再建においてSSWrのもとに持ち込まれるケースは増加傾向にある。福島の学校教育の課題が今後数十年の地域復興と重なることを考えると，SSWrの実践は「地域生活者としての子ども」の復権である。子どもたちを地域で生きる発達主体としてとらえていかねばならない。

〈注〉
(1) 雨宮処凛他編『週間金曜日』2013年3月1日号。
(2) 「原発事故子ども・被災者支援法」は議員立法により2012（平成24）年6月21日に成立した。まだ市民生活においてその具体的な反映には及んでいないが，「支援対象地域で適用される」として以下の点を明示している。1．医療を充実させること。2．子どもの勉強について（補習や屋外での運動）。3．食べものの安全性（学校給食の検査）。4．放射線量低減の取り組み支援。5．被災地の子どものリフレッシュキャンプ。6．家族と離れて暮らす子どもの支援。7．避難する際の移動，移動先の住宅確保，子どもの学習，仕事，避難手続の支援（支援対象地域外に避難した人が元の地域に戻る際の移動，住宅確保，仕事，帰還手続の支援）。
(3) 放射線管理区域とは労働安全衛生法の電離放射線障害防止規則により放射線による障害を防止するために設定された区域とされ，3か月で1.3msvを越えると定められた防護の専門的知識を持つものでないと不要に立ち入ってはいけない区域。
(4) 第32回全国中学生人権作文コンテスト　入賞作文（一部）の紹介（法務省等）http://www.moj.go.jp/content/000104284.pdf
(5) 浪江町立浪江小学校 http://www.namie-es.jp/furusato_namie/index.html
(6) 教育復興シンポジウム「福島の教育復興へむけてⅡ」2013（平成25）年3月2日での実践報告より。

第4章　震災復興への子どもの参加

(7) 鈴木庸裕編著『「ふくしま」の子どもたちとともに歩むスクールソーシャルワーカー』ミネルヴァ書房，2012年，14頁。
(8) 原発事故による失業は，生活保護施策の援用により就労不能賠償とされ，新たに仕事を始めると賠償の収入分が減額される。そのことによって就労意欲が減退するのは当然の帰結かもしれない。
(9) 東日本大震災でも被災地への加配教員配置が認められ，宮城県では236人，岩手県では155人の加配，および東京都などから派遣教員を受け入れた。しかし，福島県は原発事故による放射性物質の拡散区域の拡大や避難する子ども数が把握できず，必要な教員数が把握できないとして加配要請を断念した。子どもたちがいつ戻るかがわからないこともあるが，そもそも給与の3分の2を自治体が負担するという現行制度が被災自治体の前に大きく立ちはだかった。前例主義による硬直した制度や震災時の応急課題をふまえない想像性を欠いた制度運用があったと言わざるを得ない。
(10) 兵庫県教職員組合・兵庫県教育文化研究所編『いのち　やさしさ　まなび』アドバンテージサーバー，2005年。

（第1節　丹波史紀，第2節　鈴木庸裕）

あとがき

　世界に類を見ない震災と原発災害をくぐってきた人びとが語り伝えていく事柄はまだまだ残されている。さまざまな立場や専門性による個々の語りではなく，多職種のつながりの中で生まれてくる語りはなおのことであろう。

　震災が浮き彫りにしたことはたくさんあっても，問題の解決や軽減を具体的にはかる手立ては従来の考え方や手法になってしまいがちである。また，前例主義や硬直化した制度によって，震災直後からある期間までの事柄を一次的で特別なものと見られてしまうことも少なくない。その要因には，震災復興を推進するものとその進捗を監視するものとが区別されていないことと，それらが混ざり合っていることがあげられる。「第3者」や「外部性」を重視した個人や組織の存在が欠かせない。

　さらには，子どもたちのしあわせを考えた大人同士の善意と善意のぶつかりあい，親の心配事と教師やソーシャルワーカーの心配事とのズレなど，これらを修復していく対話の大切さが見直されるべきであろう。前著『「ふくしま」の子どもたちとともに歩むスクールソーシャルワーカー』の「おわりに」で「チーム支援元年」というメッセージを込めたが，まだ上滑りのままの現状がある。そのために，教育と福祉のつながりだけでなく，そのつながりを支える対話のある地域づくりに着手していかねばならない。その担い手を空白にしないことが大切になる。

　震災後，子どもたちの成長や発達にかかわった専門職や関係者

があの時何をしてきたのか。その問いに対して子どもたちへの弁解にならないよう，私たち自身が今からでも子どもたちと一緒に語り合う勇気と語りを探り出していく。これは今日的な教育課題や子ども家庭福祉，地域福祉の諸課題を突き通すテーマの切り口になる。

　最後に，本書の刊行にあたり前著『「ふくしま」の子どもたちとともに歩むスクールソーシャルワーカー』から引き続き，ミネルヴァ書房の戸田隆之氏にご尽力とご声援をいただいた。この場を借りて御礼申し上げたい。そして支援活動の最前線で日々変化する現場に身を置きながら「今」を書き留めることにご尽力いただいた執筆者各位に厚くお礼を申し上げたい。

 2013年4月

　　　　　　　　　　　　執筆者を代表して　鈴木庸裕

索　引

あ　行

朝の会　41
アセスメント　28
アセスメントシート　63
ウェルビーイング　83, 91
NPO法人　95, 96
エンパワメント　61
OECD　96, 170
屋内退避区域　4, 48

か　行

介護保険制度改正　77
外部被ばく　123
帰りの会　41
学童クラブ　44
学力向上　53, 54
課題解決ネットワーク　71
課題共有シート　63
課題発見ネットワーク　71
学級懇談会　42
学級通信　45
学校経費説明会　18
学校事務職員　12
学校事務の福祉的機能　25
学校ソーシャルワーク（SSW）　38
学校の福祉の機能　182
学校福祉　182, 190
家庭不可侵　57, 85
観察力　93
帰還　162
規範意識　54
虐待リスク要因　152
教育実践　38
教育費思想　20, 22

教育復興担当教員　186, 187
教員研修　28
教師支援　30, 31
強制避難　85
区域外就学　107
　——児童　21
警戒区域　4
計画的避難区域　106
県外避難者支援　118
健康観察　29, 181
原発事故子ども・被災者支援法　128, 174
兼務辞令　6
広域避難　135
　——者　142
校外連携　62
交互作用　89
コーディネーション　61
心のケア　184
子ども委員会　169
子どもの「最善の利益」　71, 73, 80
子どもの権利条約　124
子どもの貧困　12, 97
個別ケース検討会議　65

さ　行

災害救助法　16, 126
サテライト校方式　159
SAFLAN　127
支援課題　71
自己決定権　129
自主避難　85
　——者　106, 125
実務者会議　65
指導案等資料作成　28

児童虐待 59
社会的企業 96
就学援助制度 12
就学援助の弾力的運用 18
就学援助費 20
就学保障 14
収束宣言 i
受益者負担 24
授業参観 42
主任児童委員 59
巡回型カウンセラー 28, 29
障害者自立支援法 157
情報収集 28
除染 121, 122
自立支援 73-75
自立的復興 172
スクールソーシャルワーカー（SSWr） 29, 57, 85
ストレスマネジメント 28
生活課題 71
生活環境 58, 137
生活再建 121
生活保護 184
世帯別れ 73
全国学校事務職員制度研究会（制度研） 12
想像力 93
疎開裁判 130

た 行

対人力 93
代表者会議 64
多職種 27, 31
　——協働 78
　——連携 33
地域再生 172
地域生活者 190
地域包括ケア会議 78
地域包括ケアシステム 73, 79
地域包括支援センター 71, 72
チームアプローチ 90
通告義務 38
つなぐ支援 118
低線量放射線被ばく 54
道徳教育 53
独立型社会福祉士 86
トラウマ反応 28

な 行

内部被ばく 123
浪江町復興ビジョン策定 163
人間復興 157
ネグレクトケース 59

は 行

廃炉 121
派遣教員 185, 187
ピア・スーパーヴィジョン 188
東日本大震災 i
　——子ども支援ネットワーク 169
　——中央子ども支援センター 117
　——復興構想会議 167
被災就学支援要綱 19
避難者交流会 149
避難する権利 128
ファシリテート 61
風化 i
福島県双葉郡子ども会議 171
復興計画 162
復興災害 173
ふるさとなみえ科 179
ふるさと未来創造会議 166
放射性物質 99, 106, 123
放射線管理区域 123, 175
放射線教育 181
放射線防護 123
母子避難 107, 109, 115, 140
ホットスポット 106

ま 行

無用な被ばく 161
メゾレベル 69, 70
モニタリング 66

や・ら行

養育機能 83, 84
要保護児童対策地域協議会（要対協） 63, 95, 152
臨床心理士 27
連環 66

■**執筆者紹介**（＊は編著者，執筆順，現職，所属，主著・主要論文）

＊鈴木　庸裕（はじめにかえて，第4章第2節，あとがき）

　編著者紹介参照

加賀八重子（第1章第1節）

　南相馬市原町第二小学校教諭

　全国障害者問題研究会

　「しなやかで元気な子どもたちに助けられて」『作文と教育』本の泉社，2012年4月号

鈴木　久之（第1章第2節）

　二本松市立安達太良小学校学校事務職員

　全国学校事務職員制度研究会

　なくそう！子どもの貧困全国ネットワーク編『大震災と子どもの貧困白書』（共著）かもがわ出版，2012年。制度研編『お金の心配をさせない学校づくり（子どものための学校事務実践）』大月書店，2011年。

三浦　光子（第1章第3節）

　いわてこどもケアセンター，臨床心理士

　日本心理臨床学会，実践的スクールカウンセリング研究会

　「特集　被災トラウマから快復に向けて　東日本大震災における支援の体験――包括的心理支援システム構築の原点として」『臨床心理学』68，第12巻第2号，金剛出版，2012年。竹中晃二・冨永良喜編『日常生活・災害ストレスマネジメント教育――教師とカウンセラーのためのガイドブック』（共著）サンライフ企画，2011年。

片岡　洋子（第1章第4節）

　千葉大学教育学部教授

　教育科学研究会，日本生活指導学会

　『講座教育実践と教育学の再生第1巻・子どもの生活世界と子ども理

解』(共編著) かもがわ出版, 2013年。「子どもへの性暴力はなぜ教育問題にならないか」『生きる意味と生活を問い直す』青木書店, 2009年。

土屋　佳子 (第2章第1節)
福島県教育庁県南教育事務所スクールソーシャルワーカー, 大田原市教育委員会スクールソーシャルワーカー, 矢吹町保健福祉課 (要対協アドバイザー)
日本学校ソーシャルワーク学会, 栃木県社会福祉士会・栃木県精神保健福祉士会SSW研究会
『ハンドブック学校ソーシャルワーク演習――実践のための手引き』(共著) ミネルヴァ書房, 2010年。『「ふくしま」の子どもたちとともに歩むスクールソーシャルワーカー――学校・家庭・地域をつなぐ』(共著) ミネルヴァ書房, 2012年。

森　美樹 (第2章第2節)
伊達市保原地域包括支援センター・社会福祉士
福島県社会福祉士会, 福島県介護支援専門員協会

髙良　麻子 (第2章第3節)
東京学芸大学教育学部准教授
日本学校ソーシャルワーク学会理事, 日本社会福祉士会理事
『ケアマネジャー実践力向上ワークブック基礎編・スキルアップ編』(単著) 中央法規出版, 2008年。「テーマ3　社会正義はなぜソーシャルワーク実践の根拠となるのか　論文2」『対論社会福祉学5　ソーシャルワーク理論』(共著) 中央法規出版, 2012年。

中鉢　博之 (第3章第1節)
特定非営利活動法人ビーンズふくしま理事, 一般社団法人ふくしま連携復興センター理事
東日本大震災中央子ども支援センター福島窓口
「大震災後の福島における子どもたちのこころのケア」『心と社会』, 151号, 日本精神衛生会, 2013年。

菅波香織（第3章第2節）
　弁護士法人いわき法律事務所
　SAFLAN（福島の子どもたちを守る法律家ネットワーク）副代表，いわき未来会議事務局長
　河﨑健一郎ほか著『避難する権利，それぞれの選択』（共著）岩波ブックレット，2012年。

金澤ますみ（第3章第3節）
　大阪人間科学大学人間科学部社会福祉学科助教
　大阪府教育委員会チーフスクールソーシャルワーカー，和歌山県教育委員会スクールソーシャルワーク事業スーパーバイザー
　「学校のなかで子どもどうしが生きる社会」小沢牧子・佐々木賢・浜田寿美男編『学校という場で人はどう生きるのか』（共著）北大路書房，2003年。"“つながり”を探して"『月刊生徒指導』学事出版，2011年4月号～連載中。

丹波史紀（第4章第1節）
　福島大学行政政策学類准教授
　福島大学うつくしまふくしま未来支援センター地域復興支援部門長，日本社会政策学会，日本社会福祉学会
　内橋克人編『大震災のなかで──私たちは何をすべきか』（共著）岩波新書，2011年。久道茂・鴨池治編『今を生きる──東日本大震災から明日へ！　復興と再生への提言─4. 医療と福祉』（共著）東北大学出版会，2013年。

〈編著者紹介〉

鈴木庸裕（すずき・のぶひろ）

1961年　大阪生まれ。
　　　　愛知教育大学大学院教育学研究科修了。
現　在　福島大学大学院人間発達文化研究科（学校福祉臨床領域）教授。
　　　　日本学校ソーシャルワーク学会・理事（事務局長），日本スクールソーシャルワーク協会・理事，特定非営利活動法人福島スクールソーシャルワーカー協会・理事長。福島県教育委員会スクールソーシャルワーカー・スーパーバイザー。
主　著　『ハンドブック　学校ソーシャルワーク演習』（共編著）ミネルヴァ書房，2010年。『「ふくしま」の子どもたちとともに歩むスクールソーシャルワーカー──学校・家庭・地域をつなぐ』（編著）ミネルヴァ書房，2012年。『ソーシャルワーカー養成テキスト』（共著），日本学校ソーシャルワーク学会編，中央法規出版。

　　　　震災復興が問いかける
　　　　子どもたちのしあわせ
　　　　──地域の再生と学校ソーシャルワーク──

2013年7月1日　初版第1刷発行　　　　　　〈検印省略〉

定価はカバーに
表示しています

編著者　　鈴　木　庸　裕
発行者　　杉　田　啓　三
印刷者　　中　村　知　史

発行所　株式会社　ミネルヴァ書房
607-8494　京都市山科区日ノ岡堤谷町1
電話代表　（075）581-5191
振替口座　01020-0-8076

© 鈴木庸裕ほか，2013　　　　　　中村印刷・藤沢製本

ISBN978-4-623-06693-3
Printed in Japan

門田光司・鈴木庸裕 編著
ハンドブック　学校ソーシャルワーカー演習
――実践のための手引き
　　　　　　　　　Ａ５判・240頁・本体2800円

門田光司 著
学校ソーシャルワーク実践
――国際動向とわが国での展開
　　　　　　　　　Ａ５判・212頁・本体3500円

山野則子・野田正人・半羽利美佳 編著
よくわかるスクールソーシャルワーク
　　　　　　　　　Ｂ５判・210頁・本体2500円

山野則子・峯本耕治 編著
スクールソーシャルワークの可能性
――学校と福祉の協働・大阪からの発信
　　　　　　　　　四六判・256頁・本体2000円

藤岡孝志監修／日本社会事業大学児童ソーシャルワーク課程 編
これからの子ども家庭ソーシャルワーカー
　　　　　　　　　Ａ５判・388頁・3800円

―――――― ミネルヴァ書房 ――――――
http://www.minervashobo.co.jp/